外資系コンサルの
3STEP思考術

どんな難問にも答えを出せる
アタマの使い方

森 秀明=著
Shumei Mori

ダイヤモンド社

に読者のみなさんと接しているなかで、資料を作る前に「資料に〔内〕容をよく考える」ことが、できていない人が多いことに気づかさ〔れ〕（これは、若手コンサルタントの育成においては、あまり経験したこと〔〕でした）。

〔〕ある資料が作れないのは、そもそもよく考えていないからではな〔く〕思わざるをえない方が大勢いました。考えてはいるのだけれども我〔〕手に伝わるように考えが整理されていないため、相手に伝わる資料〔〕、という状況です。下手の考え休むに似たり、でしょうか。

このことは資料作成に限ったことではありません。冒頭で挙げた、〔ビ〕ジネスシーンでも同じです。つまり「よく考える」ということを〔〕るからこそ、思ったとおりの成果が上がらない、という事例が多々〔〕に気づかされたのでした。そこで、コンサルタントたちがどのよう〔〕クライアントから寄せられる難問にどのように答えを出しているか〔〕化して使える形にしたのが本書です。

〔よ〕く考えてみると、ビジネスにおける問題解決の活動はいたってシン〔プル〕。それは、

〔①〕相手の要望や悩みを聞き出す
〔②〕その要望や悩みの解決策を考える
〔③〕その解決策を説得力のある形で具体化する
〔④〕具体化した解決策を相手に伝える

活動④で完了する場合もあれば、再び活動①に戻って、相手に伝える〔〕を練り直すこともあるでしょう。言うまでもなく、このサイクルは、〔相手か〕ら引き出した情報を活用して、相手の行動を変えるための情報に変換〔し、〕そして適切に相手に伝える、という活動の繰り返しです。

〔単純〕化して言えば、活動③は、まさしく資料を作成することに相当します。

はじめに
——あなたは「よく考えている」と胸を張

「言いたいことを相手にうまく伝えられない」
「自分は伝えているつもりなのに相手に理解さ

　このような悩みを抱えているビジネスパーソン
会議で意見を言う、お客様にプレゼンをする、上
を出す、資料を作成する——これらのよくあるビ
要な意識・行動は、「相手に正しく伝える」とい
パーソンにとって、「相手に正しく伝える」ことに
場面で求められる重要なスキルとも言えます。
　なのになぜ、それがうまくできずに悩むことに
では、往々にして「よく考えていない」ことが、そ

「相手にうまく伝えられないのは、そもそもきち
——私がそのことに気づいたきっかけは、私の前著
さまで、2014年2月に出版した『外資系コンサル○
ンド社）は、若手コンサルタントの育成経験をもと
として、多くの読者のみなさんに手に取っていただ
には、部下を指導するためのテキストとして活用し
日々資料作成に時間を使っているビジネスパーソン○
するためのヒントを習得していただいたことと思い

　読者のみなさんから多くの反響をいただくととも
資料作成術』は私のクライアントのみなさんの必読書
なりました。社内勉強会の教科書として活用されたり
るセミナーや講座で利用されたりしています。

すると、その前の活動②は考えることに相当するのです。ですから、よく構想を練り上げて考え尽くしてください。よく考えないことには、それを資料化してもわかりにくいだけです。相手の心の琴線に触れることもありません。それでは納得感を持って相手に伝えることはできません。

つまり、言いたいことが伝わらないのには、3つの理由があります。

[理由①] 相手の話の内容や世の中の事象を「整理」できていない
[理由②] 物ごとを取り扱いやすいような大きさに「分解」できていない
[理由③] 相手に伝える意味を引き出すように「比較」できていない

逆に言えば、「整理」「分解」「比較」という3つのスキルを身につければ、自信を持ってあらゆるビジネスの難題に立ち向かえるのです。

実は、「整理」「分解」「比較」という3つのスキルを身につけることは、コンサルタントのように考えることでもあります。
よく、「この問題をどう解決しますか？」と聞かれることがあります。言い換えると、「問題解決のプロと言われるコンサルタントは、どのような頭の使い方をしているのか」というのが質問の背景にあります。
この質問に対して、外資系コンサルティング会社での多忙な日々を振り返り、一体全体どのようにして膨大な仕事をやり遂げていたのだろうかと考えたとき、その基本スキルはいたってシンプルなのではないか、ということに気づきました。
仕事に必要なのは、たった3つの基本スキルで、それは「整理」「分解」「比較」です。二進も三進も（にっちもさっちも）いかないような仕事の修羅場をくぐり抜けてきたからこそ、身についたスキルかもしれません。「整理」「分解」「比較」で物ごとにあたることを習慣にしているおかげで、いまでは自然体で考えて、さまざまな問題解決にあたることができるようになったのです。

本書はプロローグと5つの章で構成されています。

　プロローグでは、ビジネスで役立つ思考術とは何か？　について考えます。しっかりとした思考術が身についていなければ、相手に話が伝わりません。聞く、考える、書く、話すという仕事のサイクルをうまく循環させると、みなさんの仕事は格段にレベルアップします。

　第1章では、「整理」「分解」「比較」の対象となる「事実（ファクト）」とは何か？　を理解してください。仕事の現場で見られる簡単な事例を取り上げながら、「事実」をきちんととらえることの大切さを語っています。こうして「事実」を「整理」し、「分解」し、「比較」するというたった3つのスキルが、シンプルな思考術の根幹を成していることがわかります。

　第2章では、「整理」を取り上げて解説しています。あらゆるビジネスにはそれぞれ戦略があって、その戦略には結果が伴い、そしてその戦略と結果を成り立たせている法則があります。ここではアマゾンの事例を使っていますが、世の中のあらゆるビジネスの事例は、「整理」というスキルを使って、驚くほどシンプルにわかりやすく解説できます。

　第3章では、「分解」を説明します。一見すると取り扱いにくい大きな課題であっても、ひとたび「分解」すると手触り感が出てきて、扱いやすい大きさの仕事に変わります。この章では、コトラーのマーケティング理論をもとにして、実践的な顧客セグメンテーションの例を取り上げています。

　第4章では、「比較」が登場します。仕事において「比較」はとてもパワフルです。「比較」することで物ごとのギャップが明らかになります。そのギャップを分析すると、相手に伝えたいことの核心が見えてきます。ここでは、企業の10年事業プランを例にとって、経営者に刺さるメッセージの作り方を解説します。

　第5章では、シンプルな思考術を使った仕事の進め方のコツを解説します。仕事で高い成果を上げるためには初期動作が大事です。さらに「整理」「分解」「比較」のステップを繰り返すことで、相手を説得するという目的達成の確度が高くなります。この章では全部で7つのヒントをお伝えします。

　「整理」「分解」「比較」というシンプルな思考術を身につけたみなさんは、

これからどのような複雑な問題に直面しても、自分なりによく考え、必ず答えを出すことができるようになるはずです。ぜひ、自信を持ってビジネスの難題に立ち向かってください。みなさんの成功と、みなさんがビジネスで成果を上げられることを願っています。

2015年10月1日

森　秀明

外資系コンサルの3STEP思考術

―どんな難問にも答えを出せるアタマの使い方―

目　次

はじめに ─ あなたは「よく考えている」と胸を張れますか? 1

| プロローグ | あなたの話が伝わらないのは、しっかりした思考ができていないからです .... 15 |

SECTION 01 言いたいことが伝わらないのは、なぜだろう? 16
　☐ ロジカルなコミュニケーション・スキルを身につけるのに、
　　小手先のテクニックは不要 19

SECTION 02 「整理、分解、比較」で、対話を通じて共感の土壌を作る 21
　☐ 正しい方法を身につければ、きちんとコミュニケーションできる 22

SECTION 03 相手の発言(アウトプット)が自分の糧(インプット)になる 24
　☐ インプットがなければアウトプットはできず、
　　アウトプットの品質が上がるとインプットの精度も上がる 25

SECTION 04 「聞く、考える、書く、話す」のサイクルをシンプルにする 27

SECTION 05 「聞く、考える、書く、話す」に共通する要素 29

SECTION 06 シンプルな思考術は、仕事全体をレベルアップさせる 31

第1章 「整理、分解、比較」の シンプルな思考術が身につけば、仕事はうまくいく ………… 33

SECTION 07	すべての仕事は「事実(ファクト)」から始まる	………… 34
	☑ 事実を伝えるための"3つのスキル"とは？	………… 34
SECTION 08	たった3つのステップの思考術が、あらゆる仕事の基本を形成している	………… 39
	☑ 「MECE」はフレームワークでも活かされている	………… 40
SECTION 09	整理：ひとかたまりの「事実(ファクト)」をとらえる	………… 42
	☑ たった3つのルールが会議の様子を一変させた	………… 42
	☑ ひと言で言えないときは、事実のかたまりに分けてみる	………… 44
SECTION 10	分解：ひとかたまりの「事実(ファクト)」をモレなくダブりなく分ける	………… 45
	☑ 達人に学ぶ企画書の作り方	………… 45
	☑ 「上から考える方法」と「下から考える方法」がある	………… 47
	☑ モレやダブリがあると理屈が通らなくなる	………… 49
SECTION 11	比較：同じ視点で「事実(ファクト)」と「事実(ファクト)」を比べる	………… 51
	☑ 3人の達人が実践する上司説得の方法	………… 52
コラム 1	ビジネスで扱うルールもケースも結果も「事実(ファクト)」である	………… 55

第 2 章　事実(ファクト)をどのように「整理」すればいいのか　………… 59

| SECTION 12 | 課題設定によって事実(ファクト)の整理の仕方は変わってくる　………… 60 |

☐「差」「時」「類」「流」の4つに着目　………… 61

| SECTION 13 | 1つ1つの企業の実例を事実(ファクト)として整理する　………… 63 |

☐ うまく整理できないとどうなるか？　………… 64

| SECTION 14 | 事実(ファクト)を整理するために、情報やデータを収集する　………… 66 |

☐ 定性的情報と定量的情報の使い分け方　………… 67

| SECTION 15 | アマゾンを例に、事実(ファクト)を整理してみよう　………… 69 |

☐ ジェフ・ベゾスの戦略的考察　………… 69
☐ アマゾンの業績推移は、戦略どおりになっている　………… 71
☐ 結果として、アマゾンを支える経営法則とは　………… 72

| コラム 2 | フレームワークやキーワードではなく、経営法則が「事実(ファクト)」である　………… 75 |

● マイケル・ポーターの「ファイブフォース」は「事実」か？
● 真逆の主張でも「事実は事実」
● 経営法則はビジネスの世界のルール
● ルールとケースと結果をそれぞれ「事実」ととらえる
● 演繹法と帰納法と仮説推定法

第3章 効果的な打開策を導き出すために「分解」する ………… 85

SECTION 16	コトラーのマーケティング理論で「分解」を実践してみよう	………… 86
	☑ STPフレームワーク	………… 87
SECTION 17	メイン顧客を特定するために、分解して顧客セグメントをつくる	………… 89
	☑ セグメンテーションのやり方	………… 89
SECTION 18	個別の顧客セグメントを分析して、ターゲットの設定を行う	………… 93
	☑ ターゲティングの方法	………… 93
SECTION 19	世界中のリゾート通をうならせるようなポジショニングを定める	………… 96
	☑ ポジショニングはコンセプトづくりと同義	………… 96
SECTION 20	顧客ターゲットのニーズから滞在パッケージを設計する	………… 99
	☑ 需要分析の進め方	………… 99
SECTION 21	滞在パッケージの中身は、宿泊費より飲食費とサービス費の比重が大きい	………… 103
	☑ 算数的な分解の例	………… 103
コラム3	経営学のフレームワークには分解のヒントが満載されている	………… 106

第4章 メッセージを明確にするために「比較」する ……… 115

| SECTION 22 | グラフ化の目的は「比較」にある ……… 116 |
| □ A社の業績推移と経営計画を表すグラフ ……… 117 |

| SECTION 23 | 全体は右肩上がりに見えても、個別には異なる事情がある場合が多い ……… 119 |
| □ A社の収益モデルと各事業を比較したチャート ……… 119 |

| SECTION 24 | 事実(ファクト)を揃えて比較すると、ギャップが見えてくる ……… 122 |
| □ A社の現在と10年後 ……… 122 |

| SECTION 25 | 適切に比較すると、ひと言でメッセージを言えるようになる ……… 125 |
| □ A社の将来計画とその課題は何か？ ……… 125 |

| コラム4 | A社の現在と未来をルールとケースと結果で比較してみよう ……… 128 |
| ● A社の10年戦略を比較する |

第5章　3STEP思考術を使った仕事の進め方 ……… 131

| SECTION 26 | 仕事で成果を上げる思考では初動が肝心 ……… 132 |

☐ 時間と仕事の成果を示す3つのカーブ ……… 132
☐ 早い時点から考え始めること、手を動かすことが大切 ……… 133

| SECTION 27 | 1つ1つの「事実(ファクト)」をカードにメモ書きする ……… 135 |

☐ 「ルール、ケース、結果」のメモ書きカード ……… 136

| SECTION 28 | 集めた「事実(ファクト)」を並べて、整理、分解、比較する ……… 137 |

☐ メモ書きを関連づけたチャラ書きノート ……… 137

| SECTION 29 | 思考の中身を発言したり行動に移したりすると、仕事の成果が大きくなる ……… 141 |

☐ 思考と発言と行動のハードル ……… 141
☐ 思考→発言→行動が成果につながる ……… 142

| SECTION 30 | 思考の質より、思考量や思考数が大切 ……… 143 |

☐ メモ書き、チャラ書きからホン書きするときの注意点 ……… 143
☐ 少なくとも選択肢を3つ用意する ……… 144

| SECTION 31 | 「整理、分解、比較」の繰り返しで、仕事の質が飛躍的に高まる ……… 145 |

| SECTION 32 | 相手のロジックの背後にあるエモーションやポリティクスを読み取る ……… 148 |

☐ 対話の3層：「ロジカル」「エモーショナル」「ポリティカル」 ……… 148
☐ 説明者と観察者の役割分担も考えてみる ……… 150

プロローグ

あなたの話が伝わらないのは、しっかりした思考ができていないからです

SECTION 01

言いたいことが伝わらないのは、なぜだろう？

先輩B「A君、このところ調子が良くないようだけど、何か悩みでもあるの？」
後輩A「ええ、仕事がうまくいかなくて……。自分なりに努力はしているんですが、なかなか結果につながらないんですよ」
B「そういえば、この前の企画会議でも、キミの提案は受け入れてもらえなかったようだね」
A「あのときも、自分ではうまく説明したつもりでしたが、なぜかわかってもらえなかったみたいです。でも、どこに原因があるのかわからなくて……」
B「それは、仕事のとらえ方自体に問題があるんじゃないの？　そもそもA君は、『整理』『分解』『比較』という、考える道具を使っているのかな？　これはビジネスパーソン必携の三種の神器みたいなものだよ」
A「『整理』『分解』『比較』……ですか？　それって、なんですか？」
B「すべての仕事をするうえで必要になる、とても重宝な3つのスキルと思えばいい。このスキルの使い方をしっかりマスターして自分のものにすれば、この先、どんな相手や内容の案件でも、必ずお互いに満足のいく結果を出せるようになるはずだよ」

　仕事で成果を上げられず、伸び悩むビジネスパーソンは少なくありません。Aさんのような悩みを抱えている人は、ほかにも次のような壁にぶつかっていることが考えられます。

「時間や労力をかけたわりには、それに見合った結果を出せない」

「完璧に仕上げたつもりの仕事でも、予想以上に低い評価しか得られない」
「話は聞いてもらえるものの、実際に相手がなかなか動こうとしてくれない」

　そうなる原因を突き詰めていくと、最終的には1つの現実にたどり着きます。それは、「相手が聞きたいことを、伝えていない」ということです。つまり、相手の求めに応えられていないのです。そのために当然の結果として、自分の言いたいことを聞いてもらえない、コミュニケーションが根本的にうまくいかない、ということになります。これでは、どんな仕事でも成果が出るはずがありません。

　さらに、Aさんのような人たちに共通する特徴として、次のことが挙げられます。

□自分の意見を一方的にしゃべる
□用意した資料をそのまま説明する
□相手の言葉を聞くゆとりがない

　いかがでしょうか。あなた自身やあなたの周りで、あてはまる人はいませんか？　これらの特徴が見られる人は、ひと言で言えば「よく考えていない人」です。相手の求めることを無視して、自分たちの都合や言いたいことだけを押しつける、いわゆるサプライヤーロジック（受け手の立場を考えない供給者の論理）に支配されているのです。
　業種や職種に関係なくすべての仕事において、コミュニケーションがうまくいかなければ、成果を上げられなかったり、トラブルを起こしたりするのは当たり前です。そういう人は、早急に改善する必要があります。
　重要なのは、問題解決のために行うコミュニケーションの「基本となる考え方」、つまり思考法です。
　というのも、業種や職種にかかわらず、すべての仕事において最も大切なことは、「まず、目の前の仕事についてどう考えるか」ということだからで

す。なかなか成果を出せないのは、「**事前に仕事についてよく考えていない**」からです。実際に相手とコミュニケーションをとったり、資料を作成したりする前に、「きちんと考えること」が何より重要なのです。

正しい思考法ができるようになれば、自分がとるべきアクションが見えてきます。自然と正しい道を選んで、最短距離でゴールまでたどり着くことができます。

正しい思考をするための具体的なキーワードが、冒頭の会話に出てきた整理、分解、比較という、3つのシンプルな作業です。相手が聞きたいことを、あなたがきちんと伝えられない原因の大半は、この3つをうまく活用できていないことにあります。

言いたいことが相手に伝わらない理由として、次の3つが考えられます。

1. 情報や相手のニーズなどを「正しいかたまりで把握したつもり」になっている

CHART 0-1

言いたいことが伝わらないのは、なぜだろう

けっして他責にしないこと。言い訳をしても成果は上がらない

言いたいことが伝わらないと仕事で成果を上げられない	言いたいことが伝わらない3つの理由
「自分ではうまく説明したつもりでも、なぜかわかってもらえない」	「正しいかたまりで把握したつもり」になっている → 「整理」ができていない
「時間や労力をかけた割には、それに見合った結果を出せない」	「正しい切り口でグループ分けしたつもり」になっている → 「分解」ができていない
「完璧に仕上げたつもりの仕事でも、予想以上に低い評価しか得られない」	「正しく並べてその違いを比べたつもり」になっている → 「比較」ができていない
「話は聞いてもらえるものの、実際に相手がなかなか動こうとしてくれない」	

3つのキーワード！

出所：コンサルティング活動での観察事実を整理

2. 情報や相手のニーズなどを「正しい切り口でグループ分けしたつもり」になっている
3. 情報や相手のニーズなどを「正しく並べてその違いを比べたつもり」になっている

　1.の「情報や相手のニーズなどを『正しいかたまりで把握したつもり』になっている」は、言い換えれば、「整理」ができていないということです。同様に、2.の「情報や相手のニーズなどを『正しい切り口でグループ分けしたつもり』になっている」は、「分解」ができていないこと、3.の「情報や相手のニーズなどを『正しく並べてその違いを比べたつもり』になっている」は、「比較」ができていないこと、になります。
　それぞれの詳しい内容については、次章以降で説明していきます。

ロジカルなコミュニケーション・スキルを身につけるのに、小手先のテクニックは不要

　相手が聞きたいことをきちんと伝えるためには、何を話すべきかを、まずはよく考えなくてはなりません。そのためには、整理、分解、比較という3つのスキルを活用した、ロジカルでシンプルな思考法が必要不可欠です。
　正しい思考法で臨めば、相手の求めるものがわかり、自分の言いたいこともうまく伝えられるようになるので、「聞く力」と「話す力」の能力が格段に上がります。コミュニケーションをとる際に最大の武器となる「聞く力」と「話す力」がレベルアップすれば、どのような相手や案件に対しても自信を持って臨み、乗り切れるようになります。
　それだけではありません。この思考法が身につくと、「聞く」「話す」の背後にある「考える」「書く」といったことまで、能力が自然に向上していきます。なぜなら、整理、分解、比較という3つのスキルを活用する作業は、仕事の4大要素である「聞く」「考える」「書く」「話す」という行動に伴うものだからです。
　小手先のテクニックではない"仕組み"の部分からしっかり学ぶことで、

この先、どんな局面でも乗り切れる最強のスキルが身につきます。事実を整理、分解、比較して考える思考術が身につくと、自然と仕事の効率や品質、精度が上がってくるのです。

SECTION 02

「整理、分解、比較」で、対話を通じて共感の土壌を作る

　整理、分解、比較を活用した思考法が、なぜあらゆる仕事の効率や品質、精度を上げるのでしょうか？　ここでは、その根拠と具体的なメリットについて説明します。

「相手と話が噛み合わない」
「その場ではコンセンサスが取れているつもりだったのに、実際はうまくまとまっていなかった」

　お客様や上司、同僚や後輩など、誰かとのコミュニケーションにおいて、そんな思いを抱いたことはありませんか？
　個人間のやりとりから企業のプロジェクトまで、ビジネスには大小さまざまなスケールの仕事がありますが、共通して言えるのは、最終的には人と人とのコミュニケーションが重要になるということです。つまり、ミッションが何であれ、相手が誰であれ、あなたと相手とのコミュニケーションが成功のカギを握るのです。
　円滑なコミュニケーションのためには、一方的な発言はマイナスです。よく「相手の意を汲むために聞き上手になろう」と言われますが、ビジネスの現場では、あなたが話を聞いているだけでは相手は満足しません。話すことも必要です。とはいえ、あなたが一方的に話すのはもってのほか。それでは相手が満足しないどころか、あなたに対し「話の通じない人」「使えない人」という印象を持ち、ビジネスパートナーとして認められない危険性が増すでしょう。
　正しいコミュニケーションが成立する前提として、まずは相手との「共

感」が必要です。そして共感の土壌を育むためには、整理、分解、比較のフレームワークが非常に有効なツールになるのです。

正しい方法を身につければ、きちんとコミュニケーションできる

あなたが誰かに何かを説明しているとき、あなたの頭の中ではどのような作業が行われているでしょうか。頭の中の動きを外からのぞける状態だと仮定して想像してみましょう。あなたは無意識に、種々雑多な情報が書かれた事実(ファクト)のカードを整理、分解、比較して、わかったことを相手に伝えているのではないでしょうか。

思考法に慣れている人であれば、整理、分解、比較のプロセスがスムーズかつ正確に行われて、理路整然と相手に説明することができます。しかし、思考法に慣れていない人はプロセスが混乱して、相手にわかりづらい説明をしてしまいます。

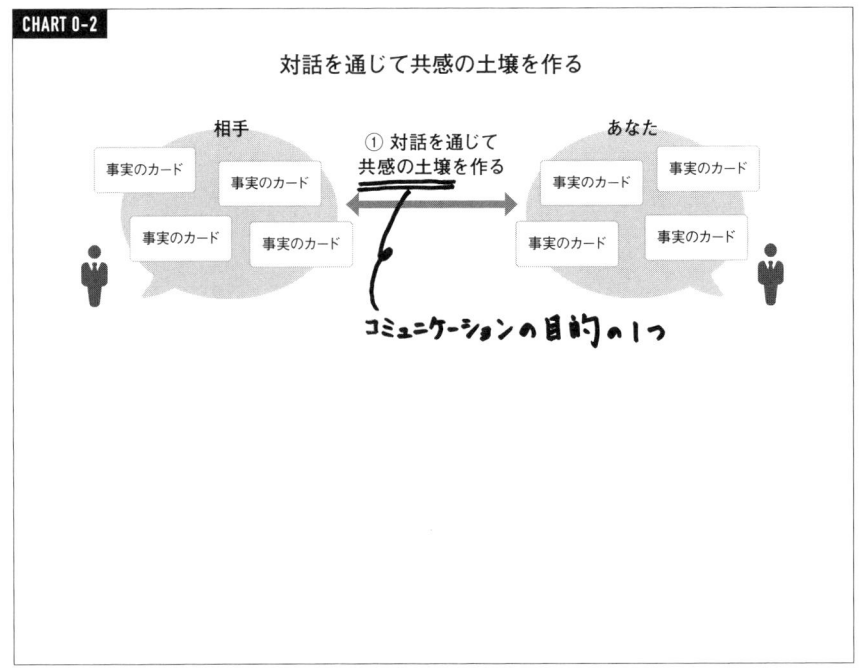

同じことは、あなたと話をしている相手にも言えます。あなたが何かを質問して相手がそれに答えようとするとき、相手は頭の中にある事実を整理、分解、比較して、わかりやすい形であなたに伝えようとします。
　ですから、あなたと相手の話が相互に理解できる、いわゆる「噛み合う」状態になっているときは、**CHART 0-2**のように、整理、分解、比較の対象となる、事実のカードの選び方や並べ方が同じになっているはずです。
　テーマがブレていないか（整理）、モレなくダブリなくポイントを押さえているか（分解）、ギャップの比べ方の粒度が揃っているか（比較）、という3つのポイントが合うことでコミュニケーションが成立し、相手と共感できる土壌が作られている状態になるのです。
　コミュニケーションの第一歩として、まずは相手との共感を作ることが大切です。共感なくしては、相手と同じ方向に走り出すことはできません。

SECTION 03 相手の発言（アウトプット）が自分の糧（インプット）になる

　いまだに多くの人が、「コミュニケーション＝積極的に話をすること」と誤解しています。たしかに、コミュニケーションに会話は欠かせません。しかし、必要なのは「対話」であって、「どちらかが積極的に話すこと」ではないのです。

　その違いは、ベクトルの向きで考えるとよくわかります。「対話」はベクトルがお互いに向き合っていますが、「一方的な会話」はどちらかに向けたベクトルしかありません。つまり、どちらか一方は、常に相手の話を聞かざるをえない状況に置かれます。これでは、コミュニケーションをとっているとは言えません。

　それでは、理想とするコミュニケーションにおける対話のバランスは、どのくらいでしょう。私の経験では、顧客との対話の場合、全体を10とすると、8割は相手の話を聞くことに専念し、2割はあなたが話す程度のバランスがベストです（これは私が顧客の問題解決に携わる立場から生まれたバランスですが、多くの場合この割合は有効ではないでしょうか）。

　人は得てして、積極的に自分から話題を提供したり意見を述べたりしたほうが、相手に受け入れてもらいやすいと思いがちです。しかし、ビジネスでは真逆の心理が働くと言っていいでしょう。なぜなら、ほとんどの人は「自分の話を聞いてもらいたい」「自分の意見に深い理解を示してほしい」と思っているからです。「あなたのお話をうかがいたい」と聞く姿勢を見せ、こちらが相手の土俵に上がる態度を示すと、相手は胸襟を開いて重要なことまで話し始める。そこには、こういった心理が働いているからです。

インプットがなければアウトプットはできず、アウトプットの品質が上がるとインプットの精度も上がる

　ここで大切なのは、「相手の話を聞く」目的を、明確に意識することです。というのも、相手の話を聞いて共感の姿勢を示すだけなら、常識あるビジネスパーソンなら当たり前に備わっている、ビジネスマナーにすぎないからです。ここで言う相手の話を聞く行為には、「相手の求めていることを話の中から探り、より良いゴールに近づける」という、確固たる目的があります。

　仕事の品質や成果のレベルを上げるためには、自分の考えや提案をそのまま相手に説明するよりも、相手の話を情報としてインプットし、相手の要望を加味したうえで自分の考えや提案としてアウトプットするほうが、はるかに効率が良いからです。**相手に話をさせることで引き出した多くの情報は、ダイレクトにあなたの提案や企画づくりのヒントにつながる「価値あるネタ」なのです。**

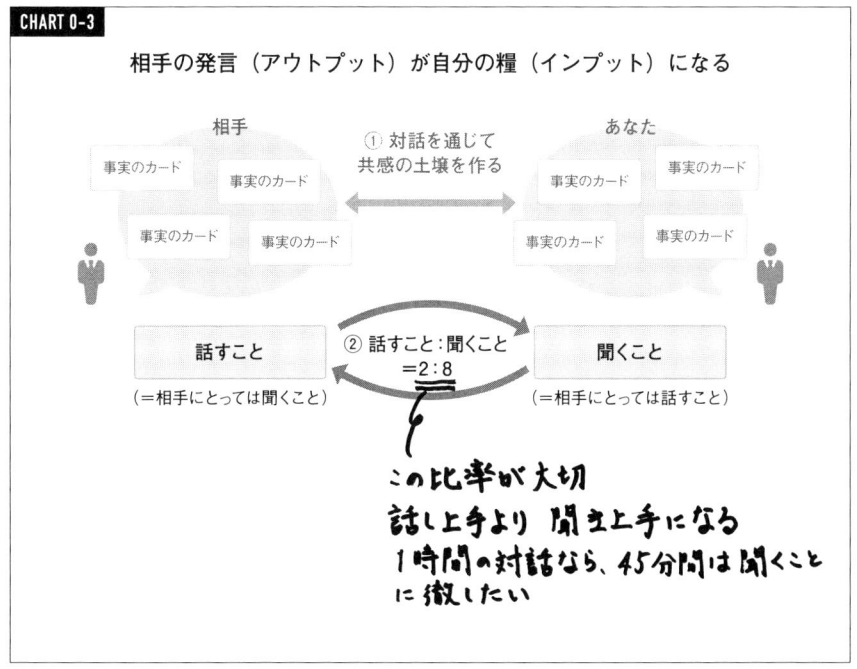

CHART 0-3
相手の発言（アウトプット）が自分の糧（インプット）になる

① 対話を通じて共感の土壌を作る

② 話すこと：聞くこと＝2：8

話すこと（＝相手にとっては聞くこと）　聞くこと（＝相手にとっては話すこと）

この比率が大切
話し上手より 聞き上手になる
1時間の対話なら、45分間は聞くことに徹したい

相手が漠然と考えているゴールに最短距離で近づくためには、インプットの量を増やしてアウトプットに反映させること。そのためには、自分が話す時間をできる限り短くして、相手により多く話しをさせるようにすることが大切です。

　コミュニケーションは最初から答えが決まっているものではありません。相手の話を聞きながら、「だったらこういう方法はどうですか」「そういうのもありかもしれませんね」と、自分の提案をフレキシブルに変えていくことが、大きな成果を得るための秘訣でもあります。

　そのときも、相手の話を聞きながら、相手の頭の中にある情報やデータなどの事実のカードをイメージすることを、常に心がけてください。

SECTION 04 「聞く、考える、書く、話す」のサイクルをシンプルにする

突き詰めて考えると、どのような仕事もたった4つの活動から成り立っています。それは、「聞くこと」「考えること」「書くこと」「話すこと」です。具体的には、相手の話を聞いて情報をインプットする。それを自分の頭でよく考え、何らかの形で書面に残し、相手に話して、また相手からフィードバックをもらう、というサイクルの繰り返しです。つまり、**仕事をすることは、「聞く」「考える」「書く」「話す」の4つの活動を正しい順番で回していくことだ**と言ってもよいでしょう。

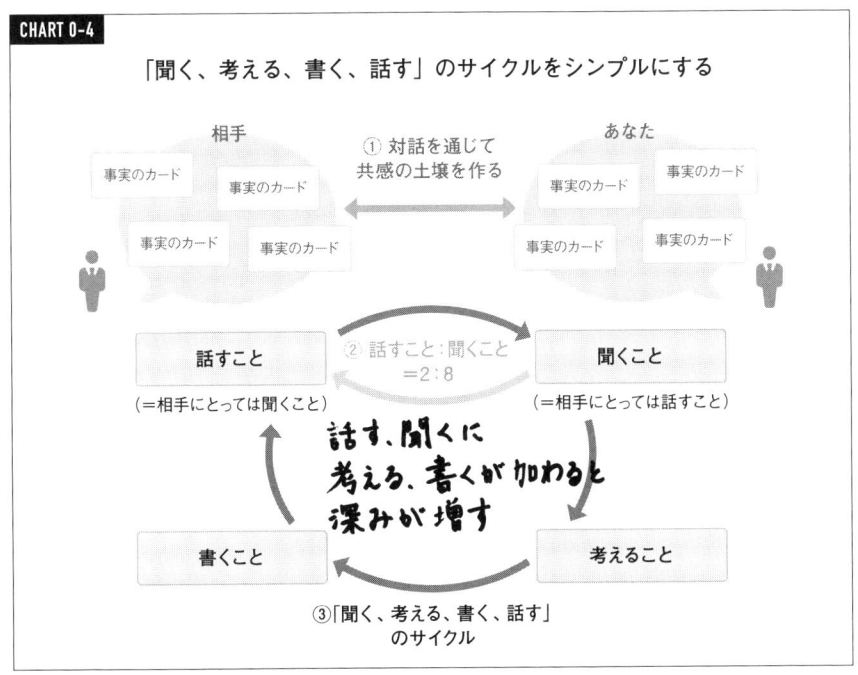

CHART 0-4 「聞く、考える、書く、話す」のサイクルをシンプルにする

世の中には、仕事のスキルやテクニックを説く書籍が数多くあります。実はそれらも、詰まるところ４つの活動のうち、どれかをテーマにしたものです。たとえば、「相手を動かす『聞き方』の本」「前向きに行動できる『考え方』の本」「必ず返信がもらえるメールの『書き方』の本」「相手を納得させる『話し方』の本」といった具合です。

　しかし、本来この４つは、バラバラに切り離して考えられないものです。仕事を進めるうえでは、４つのサイクルが滞りなく回っていなくてはなりません。どこかでサイクルが回らなくなれば仕事が停滞し、成果を出すことが難しくなってしまいます。

　反対に考えれば、「聞く、考える、書く、話す」の４つのサイクルがスムーズに回っていれば、大半の仕事で成果を上げることができるというわけです。その理由を、次項で述べていきましょう。

SECTION 05 「聞く、考える、書く、話す」に共通する要素

　すべての仕事の基本である4つの要素、聞く、考える、書く、話すという活動のサイクルがスムーズに回っていると、仕事の効率と品質、精度が上がります。それは、それぞれの活動において、事実(ファクト)の整理、分解、比較を行うからです。

　「聞く」場合、たとえ相手の話が支離滅裂であっても、聞く側であるあなたは相手の話の中の事実を見極めて、1つずつ想像上のカードに書き込むように認識していきます。そして集まったカード群を整理、分解、比較しながら、話の筋道をつけて理解していきます。それによって、頭の中で話の流れを作りながら相手に質問することができるようになります。

　「考える」場合、インプットした膨大な情報を思いつくまま、今度は実物のカードに、1事実1枚で書いていきます。これが第5章で説明する「メモ書き」です。そして、考えを整理するために、溜まったカードを1枚のペーパーの上に系統立てて並べていきます（これを筆者は「チャラ書き」と呼んでいます）。メモ書きとチャラ書き、整理、分解、比較をそれぞれ行っているうちに、次第に考えがまとまっていきます。

　「書く」場合、「考える」プロセスで書いたメモ書きやチャラ書きを、ホン書きにします。このときも同じように、頭の中では事実の整理、分解、比較を続けているはずです。「本当に正しいのか？」「確度はどのくらい高いのか？」「見落としている点はないか？」「重複している点はないか？」「矛盾している点はないか？」といったクリティカルな視点で考えながら、ホン書きとして提案書や企画書などの形に落とし込んでいきます。

　「話す」場合、自分の主張したいことについて、まずは頭の中で事実を整理、分解、比較する作業をします。この作業を通じて話をまとめることで、「何

をどんなふうに主張したらいいのか」が自分でも明確になり、話すことが相手に伝わりやすくなるのです。

　聞く、考える、書く、話すの根底にある本質的な要素が、整理、分解、比較であることに気がつけば、あなたの思考はよりクリアになり、仕事もより効果的に進められるようになります。

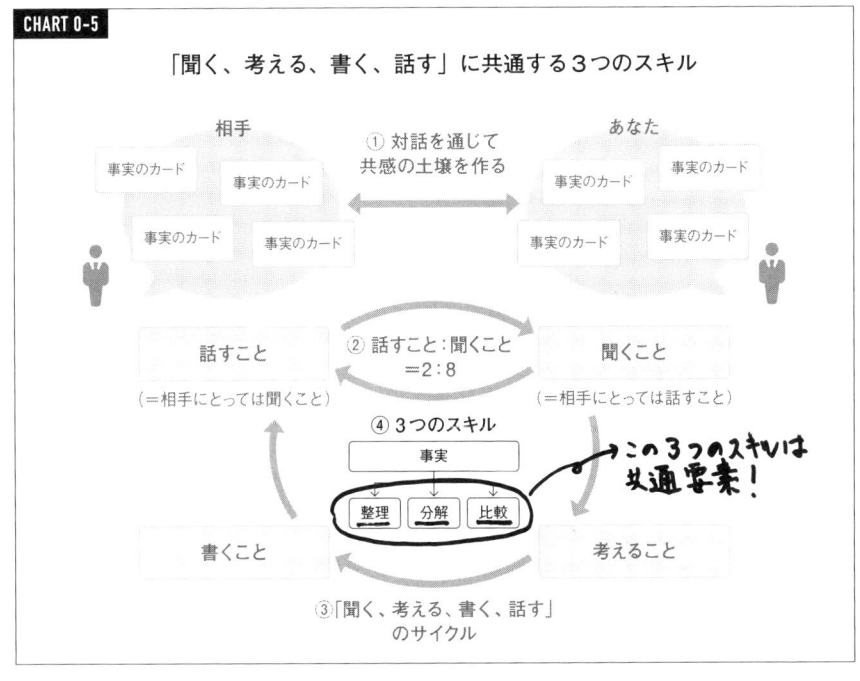

SECTION 06 シンプルな思考術は、仕事全体をレベルアップさせる

　仕事を支える4つの基本である聞く、考える、書く、話すは、それぞれに特別なスキルやテクニックが求められるわけではなく、基本はすべて同じです。それは事実(ファクト)の整理、分解、比較を正しくできているかどうかにかかっています。

　まずは、事実をどう料理するか。どう整理して、どう分解し、どう比較するのか。そのスキルを正しく身につければ、相手の話を聞くことも、自分で考えることも、文章に落とすことも、対話をすることも、すべてうまく行え

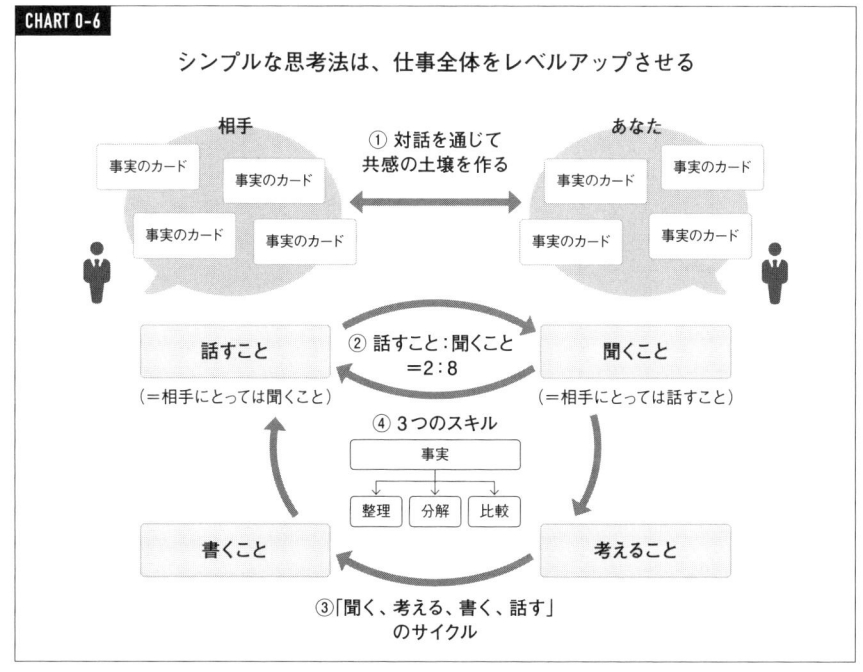

CHART 0-6　シンプルな思考法は、仕事全体をレベルアップさせる

るはずです。最初に「事実を整理、分解、比較して考える思考術が身につくと、自然と仕事の効率や品質、精度が上がってくる」と言った理由はそこにあります。

　聞く、考える、書く、話すというビジネスの基本能力が向上し、コミュニケーション力もつき、仕事全体をレベルアップしてくれる、ビジネスパーソン必携の思考術について、次章から具体的に説明していきます。

第1章

「整理、分解、比較」の
シンプルな思考術が身につけば、
仕事はうまくいく

SECTION 07 すべての仕事は「事実(ファクト)」から始まる

「仕事の成果を上げるためには、より良いコミュニケーションが重要だ。円滑なコミュニケーションができるようになるための思考法を身につけるには、まず何から始めればよいのか？」

この質問への答えは、はっきりしています。それは、「事実を正確に認識する」ということです。なぜなら、**すべての仕事は「事実(ファクト)」から始まるから**です。職種や立場、キャリアが異なっても、ロジカルな思考法の"はじめの一歩"は事実で、これはすべてのビジネスパーソンに共通しています。

すべての仕事は事実から始まる——この事実をきちんととらえていないためにロジカルな思考を展開できず、コミュニケーションのトラブルを起こしているケースは少なくありません。円滑なコミュニケーションは、事実を正確に相手に伝えること、そして、自分の持っている事実と相手の持っている事実を正しく"すり合わせる"こととも言えます。

ですから、まずは事実とはどういうものなのか、事実を伝えるとはどういうことか、をしっかり押さえることが大切です。

事実を伝えるための"3つのスキル"とは？

事実は、目的を持って選ばれた法則や事例、情報やデータのことです。往々にしてそれらは、混沌としてバラバラな状態でありがちです。そして、その事実を相手に正しく伝えるコミュニケーションを行うためには、整理、分解、比較の3つのスキルが必要になります。この3つのスキルを正しい方法で自由に活用できるようになれば、コミュニケーション上のトラブルは激減しますし、仕事で成果を上げることもできます。

CHART 1-1

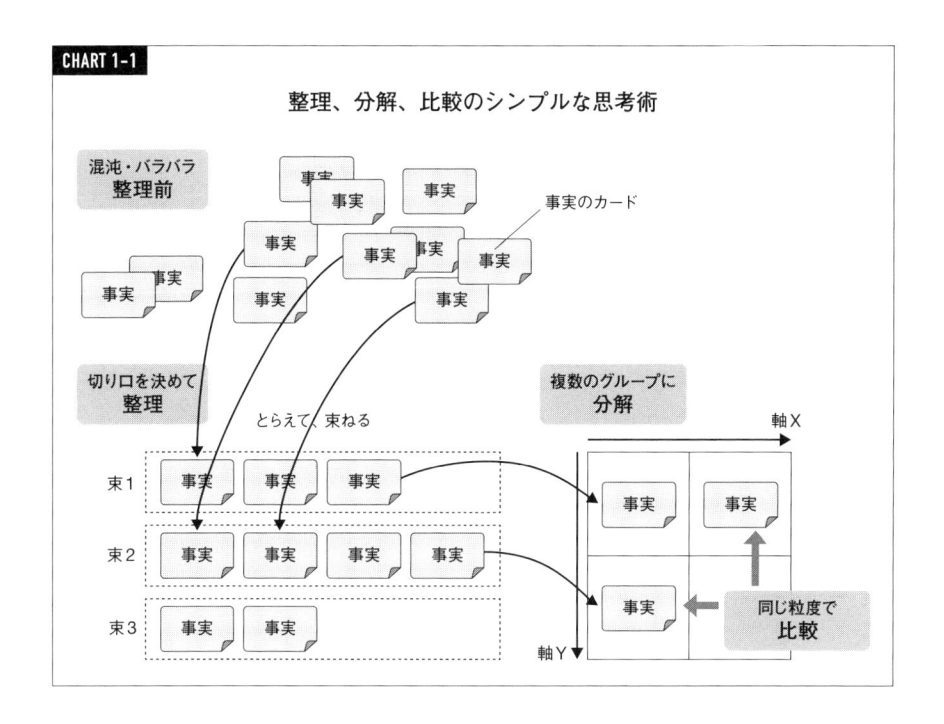

整理、分解、比較のシンプルな思考術

混沌・バラバラ
整理前

事実のカード

切り口を決めて
整理

とらえて、束ねる

束1
束2
束3

複数のグループに
分解

軸X
軸Y

同じ粒度で
比較

整理、分解、比較について、それぞれ簡単に説明します。

「整理」とは？
　整理とは、「事実を1つ1つのかたまりとしてとらえる」ことです。「事実」を「かたまり」の集合と考えて、それぞれのかたまりがどのくらいの大きさで、どのような内容なのかを正確に把握することが、整理の定義です。
　具体的に見ていきましょう。
　たとえば、「自社製品Aの拡販策」ということで考えた場合、「既存の販売ルートではAの売上げは頭打ちだ」という課題は事実ですし、「B社とのコラボイベント開催で集客と商品認知を図る」という計画も事実で、「総費用は300万円」という概算データも事実です。
　また、事実には大きいものもあれば小さいものもあり、その大きさはさまざまです。たとえば、「自社製品Aの拡販策」は1つの事実ですが、それは、会社全体の「今後3年間の事業戦略」という大きな事実の中にあります。そ

れでも、「自社製品Aの拡販策」と「今後3年間の事業戦略」は、どちらも1つの事実であることに変わりありません。

　つまり、オモチャの散らかった部屋で、それぞれのオモチャを1つずつ、大きさに合わせて箱に入れて片付けるように、漠然とたくさん存在している事実を、かたまりごとにとらえることが整理です。これが事実と整理の関係です。

　ちなみに、事実は、小さなものを複数束ねたときに、1つの大きな事実として認識できます。

「分解」とは？
　分解とは、「大きなかたまりを小さく分ける」ことです。ある考えに従って「事実」を小さくグループ分けしていくこと、とも言い換えられます。分解の反対は統合です。つまり、大きな事実を小さく分けていく＝分解していくと、小さな事実がいくつもできます。反対に、その小さな事実をまとめていく＝統合していくと、大きな事実に復元できます。このような関係が、事実の分解と統合には成り立ちます。

　たとえば、「ビジネスパーソンを対象にした新製品のマーケティング」について考える場合、「総所得額」という切り口で考えるのも分解の仕方の1つです。このとき、「年収500万円未満」「年収500万円以上、700万円未満」「年収700万円以上、1000万円未満」「年収1000万円以上」というように、対象者が必ずどこかの枠に含まれるが、枠をまたがって含まれることはないようにグループ分けすることが、分解のルールです。事実を分解するときには、「モレなくダブリなく」という考え方が鉄則です。

「比較」とは？
　比較とは、「かたまり同士を並べて比べる」ことです。細かさのレベルが同等の、いわゆる粒度が同じ事実同士を比べることを言います。

　たとえば、A社とB社という2つの会社の利益という事実を比べるのであれば、「A社の営業利益」と「B社の営業利益」を並べて比べます。ここで、「A社の営業利益」と「B社の最終利益」を比べても、それは正しい比較と

は言えません。あくまでも、粒度が同じものを並べて比べることが肝要です。

　比較が持つ重要な意味は、2つの事実の間のギャップにメッセージが浮かび上がってくることです。たとえば、A社の社内で「売上げの状況」について比較するとします。「現在の売上げの状況」が1億円で、「3年後の売上げの状況（目標）」が3億円だった場合、両者の間には2億円のギャップがあることがわかります。そのギャップをどうやって埋めたらいいか、ということがメッセージになります。そこから、新事業の立ち上げや成長事業への資源投入といった、何らかの施策や戦略を提案することになります。これが事実と比較の関係です。

　このように考えると、**世の中のすべての仕事は、事実の正しい認識と、整理、分解、比較の3つのスキルで成り立っている**ことが、明確に見えてくるはずです。そして、バラバラだった事実を1つ1つかたまりとしてとらえて、グループに分けたり並べ直したりしながら比べることで、新しい戦略や

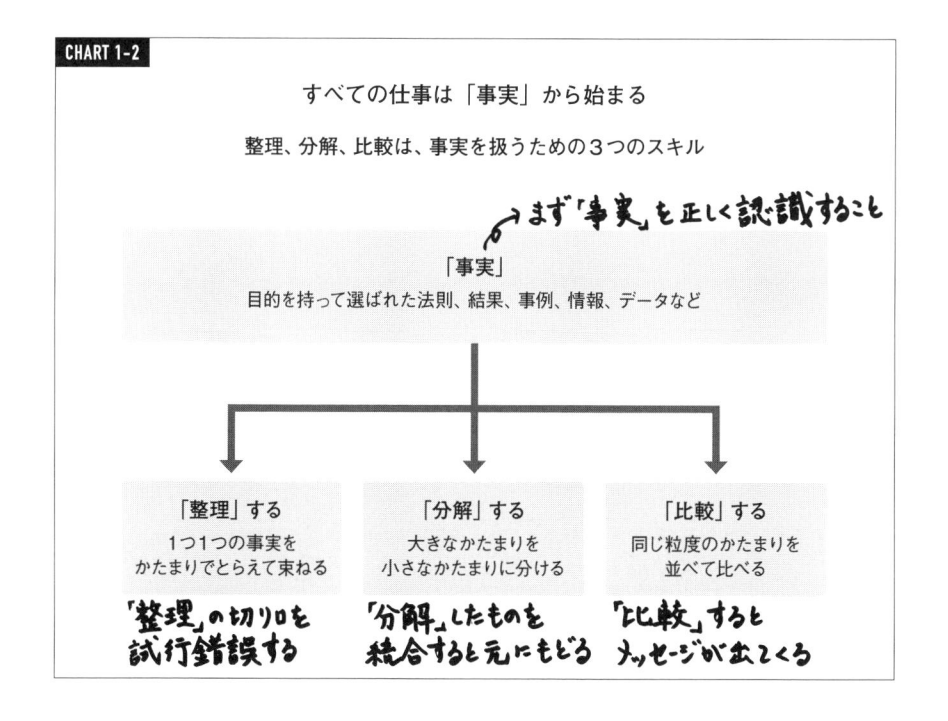

CHART 1-2

すべての仕事は「事実」から始まる

整理、分解、比較は、事実を扱うための3つのスキル

→ まず「事実」を正しく認識すること

「事実」
目的を持って選ばれた法則、結果、事例、情報、データなど

「整理」する	「分解」する	「比較」する
1つ1つの事実をかたまりでとらえて束ねる	大きなかたまりを小さなかたまりに分ける	同じ粒度のかたまりを並べて比べる
「整理」の切り口を試行錯誤する	「分解」したものを統合すると元にもどる	「比較」するとメッセージが出てくる

施策、行動といった"解"に近づけていくわけです。
　次に、「事実」について、もう少し深掘りをしていきましょう。

SECTION 08

たった3つのステップの思考術が、
あらゆる仕事の基本を形成している

　まず、次のCHART 1-3を見てください。事実(ファクト)と整理、分解、比較の構造や関係性を端的に表したものです。

　この図の左半分が事実Aで、右半分が事実Bです。そして事実Aを整理して分解したときにできるのが、A-1、A-2、A-3です。このとき、左上の事実Aも1つの事実なら、そこから分岐したA-1、A-2、A-3もそれぞれが事実になるというわけです。同じように、事実Bについても、B-1、B-2、B-3という3つの事実に分解できます。

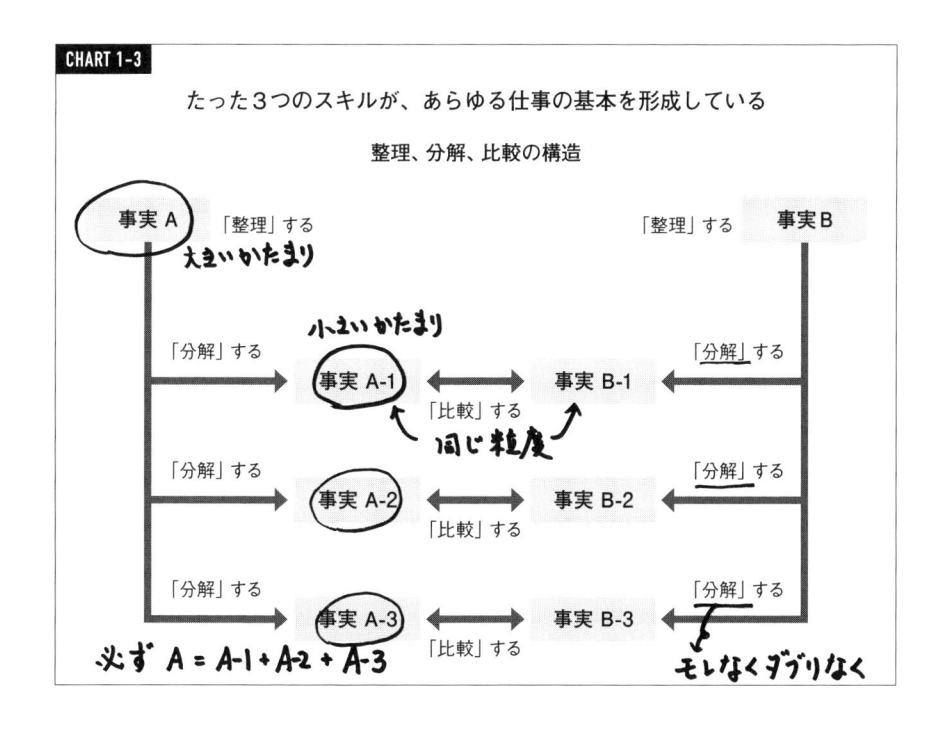

CHART 1-3

たった3つのスキルが、あらゆる仕事の基本を形成している

整理、分解、比較の構造

事実A ──「整理」する──　　　　「整理」する── 事実B
（大きいかたまり）

「分解」する　　（小さいかたまり）　　　　「分解」する
　　　　　　事実A-1 ⇔ 事実B-1
　　　　　　　　　「比較」する
　　　　　　　　　（同じ粒度）

「分解」する　　　　　　　　　　　　　　「分解」する
　　　　　　事実A-2 ⇔ 事実B-2
　　　　　　　　　「比較」する

「分解」する　　　　　　　　　　　　　　「分解」する
　　　　　　事実A-3 ⇔ 事実B-3
　　　　　　　　　「比較」する

必ず A = A-1 + A-2 + A-3　　　モレなくダブりなく

そして、A-1とB-1、A-2とB-2、A-3とB-3をそれぞれ比較します。ただし、このときA-1とB-1、A-2とB-2、A-3とB-3は、それぞれ同じ粒度であることが条件です。

以上が、事実と整理、分解、比較の構造と関係性を表す基本の形です。このことを踏まえたうえで、この図において大事なポイントが2つあります。

1つは、事実AとA-1、A-2、A-3との関係についてです。先ほど説明したとおり、A-1、A-2、A-3はすべて事実Aを「整理」して「分解」したものです。ですから、A-1、A-2、A-3をすべて足し合わせれば、必ず元の事実Aにならなくてはいけません。数式で表現すれば、「事実A＝事実A-1＋事実A-2＋事実A-3」となります。分解したものを再び足し合わせたときに、何か不足している事柄があったら、それは正しい分解ではなかったということでもあります。

もうひとつは、A-1、A-2、A-3の分解の仕方です。分解するときには何らかの切り口が必要になります。この切り口の設定が正しくないと、正しい分解とは言えません。このとき、「モレなくダブリなく」という原則が分解の基本です。

「MECE」はフレームワークでも活かされている

ちなみに、「モレなくダブリなく」という分解の基本的な考え方を、コンサルティング用語では「MECE（Mutually Exclusive and Collectively Exhaustive）＝ミーシー」と言います。この考え方を活用する狙いは、整理された事実を意味のある軸で、モレなくダブリなく効率的に分解することで、正確な比較を行えるようにすることにあります。

また、昔から経営学者や経営コンサルタントがビジネスを考える際の思考のツールとして提唱してきたフレームワークは、古いものから最近のものまで、実に数多くのものがありますが、そこにもMECEの考え方が活かされています。

たとえば、マーケティングの基本とも言えるフレームワーク「4P」は、MECEの考え方を踏襲している典型的な例です。

売れる仕組みを考えるためには、製品（Product）、価格（Price）、販促（Promotion）、流通（Place）の４つの要素を組み合わせて（マーケティング・ミックスと言います）考える必要があります。これが「4P」のフレームワークです。

　具体的には、「顧客が買いたくなるような価値を持つ製品か？」「顧客が納得する価格か？」「顧客が買いたくなるような広告宣伝や販促になっているか？」「顧客にタイムリーに届けられる適切な流通チャネルか？」といった視点で検討し、売る側の能力や環境条件も考えて、4P間のバランスをとりながら戦略的に展開していきます。このときの４つの「分解」には、モレもなければダブリもありません。

　また、環境分析から戦略を導くときに効果的なフレームワークである「SWOT分析」も、MECEの考え方に基づいて分解されています。SWOT分析は、企業の戦略立案から個人の仕事の進め方まで、多岐にわたって活用できるフレームワークです。

　具体的には、自社（自分）を取り巻く環境を強み（Strengths）、弱み（Weaknesses）、機会（Opportunities）、脅威（Threats）という４つの視点で「分解」し、長所や課題、追い風や向かい風になることを洗い出していきます。そして、「強み×機会＝積極攻勢」「強み×脅威＝差別化」「弱み×機会＝弱点強化」「弱み×脅威＝防衛」というように、４つの組み合わせで打つべき手を考えます。

　このSWOTの「分解」にも、「モレなくダブリなく」の考え方が使われています。

SECTION 09

整理：ひとかたまりの「事実(ファクト)」をとらえる

　繰り返しになりますが、どのような仕事であっても、まずは事実(ファクト)を正しく認識することが必要です。そして、整理、分解、比較という3つのスキルを活用する。そうすれば、だいたいの仕事は乗り切れます。事実を正しく認識してはじめて、整理、分解、比較という3つのスキルを自由に使いこなせるようになります。

　このことを確実に理解するために、具体的な例を挙げて説明しましょう。

たった3つのルールが会議の様子を一変させた

　説得力のある資料を作るためには、「証拠」と「主張」と「保証」の3つが構成要素として必要だということを、前著の『外資系コンサルの資料作成術』(2014年、ダイヤモンド社刊)で強調しました。それを踏まえて **CHART 1-4** を見てみましょう。

　このCHARTでは、1つの主張を展開しています。
「ある日本企業は、3つの会議のルールを設定し、うまく機能させている(証拠)」という事実がある。
　だから、「たった3つのルールが会議の様子を一変させた(主張)」ことになる。
　なぜなら3つのルールが「話しにくい雰囲気を一掃して、自由闊達な場を形成し、相手の意見を引き出したからである(保証)」
　そして、この3つをまとめて大きな1つの事実(某日本企業の会議のルール)としてとらえることができます。

次に、この「某日本企業の会議のルール」の中身を見ていくと、「1. 批判するな」「2. 数を出せ（質より量）」「3. 余白を使え」という3つのルールがあり、それぞれのルールに小さな事例が示されています。

「1. 批判するな」には「どんなアイデアでも大歓迎」「心の中でも批判しないこと」
「2. 数を出せ（質より量）」には「アイデアの数を数える」「枠をはみ出して考える」
「3. 余白を使え」には「ポストイットを貼る」「ホワイトボードにアイデアを描く」

　という具合です。
「たった3つのルールが会議の様子を一変させた」という「主張」の下に続く部分はすべてルールの事例で、「○○○がある」という「証拠」であり、

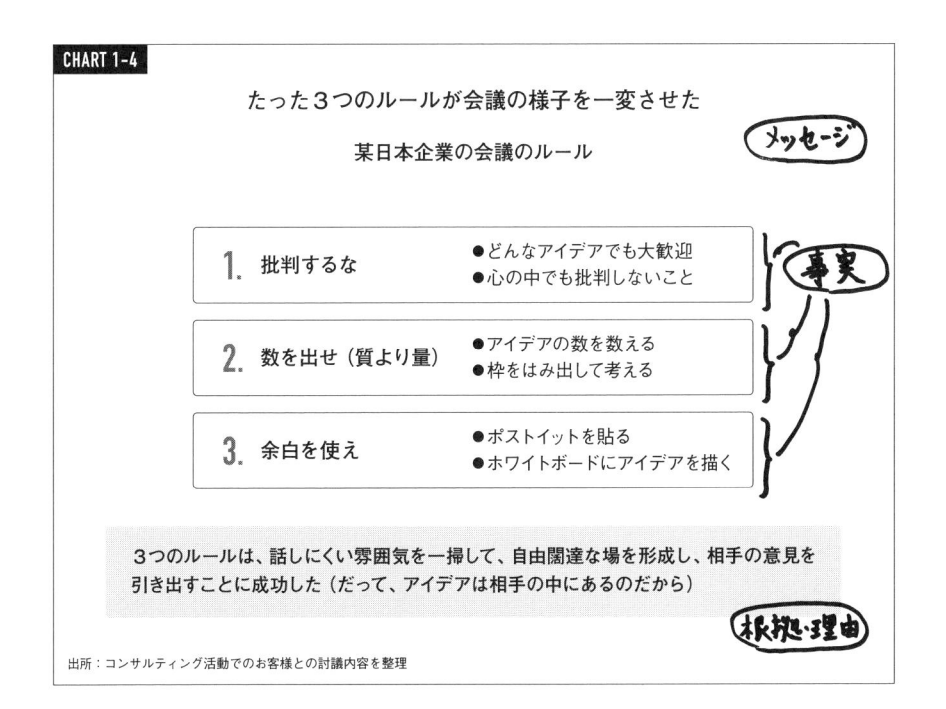

CHART 1-4

たった3つのルールが会議の様子を一変させた

某日本企業の会議のルール　〔メッセージ〕

1. 批判するな	● どんなアイデアでも大歓迎 ● 心の中でも批判しないこと
2. 数を出せ（質より量）	● アイデアの数を数える ● 枠をはみ出して考える
3. 余白を使え	● ポストイットを貼る ● ホワイトボードにアイデアを描く

〔事実〕

3つのルールは、話しにくい雰囲気を一掃して、自由闊達な場を形成し、相手の意見を引き出すことに成功した（だって、アイデアは相手の中にあるのだから）

〔根拠・理由〕

出所：コンサルティング活動でのお客様との討議内容を整理

かつこれも事実であることがおわかりいただけると思います。

そして、その下の囲みの中にある「話しにくい雰囲気を一掃して、自由闊達な場を形成し、相手の意見を引き出すことが大事」という部分は、「なぜなら、□□□だから」（保証）に該当します。伝えたいメッセージ（事実）があって、ルールの具体例（事実）があり、なぜなら「話しにくい雰囲気を一掃して、自由闊達な場を形成し、相手の意見を引き出すことが大事」だから（事実）、という流れです。

さらに、同じ囲みの最後の1フレーズ、「だって、アイデアは相手の中にあるのだから」も「なぜなら、□□□だから」の「保証」にあたり、これも事実です。

つまり、事実には大きいものもあれば小さいものもあり、その大きさはさまざまです。そして、小さい事実を複数束ねたときには大きな事実として認識できる、という関係にあります。

事実を正しく認識して、ひとかたまりとしてとらえられれば、それは整理ができたことになります。

ひと言で言えないときは、事実のかたまりに分けてみる

どんな仕事でも、さまざまな見解や考え方があり、アイデアがランダムに出てくるのが普通です。それを最初からひと言でまとめようとしても、無理があります。情報の重要度を十分に理解したうえで、適切にまとめあげて扱いやすい大きさにし、問題解決にあたることは、そう簡単にできることではないのです。

ですが、ひと言で片付けられないときでも、1つずつを事実のかたまりとしてとらえることはできるはずです。それにメッセージをつけることができれば、さらに大きな事実のかたまりとしてとらえられます。

漠然とした問題やスケールの大きな課題であっても、じっくりと事実を見極めて、まずは1つずつかたまりとしてとらえていくことで、ほとんどの場合は乗り越えていけるのです。

SECTION 10 分解：ひとかたまりの「事実（ファクト）」をモレなくダブリなく分ける

　これまで私は、コンサルタントとして10万ページを優に超える資料に目を通してきました。当然のことながら、資料には的を射たものもあれば、さまざまな問題点を含むものもあります。「相手に応える」という意味では、資料もコミュニケーションも同じです。したがって、問題があってわかりづらい資料は、成立しないコミュニケーションと同様に、自分勝手なサプライヤーロジックに陥っているのです。

　では、なぜかよく通る企画書を作成する人は、どのように企画書を作っているのでしょうか。ここでは、「達人に学ぶ企画書の作り方」という課題を例に、メインのテーマである「ひとかたまりの事実をモレなくダブリなく分ける」ということを説明します。

達人に学ぶ企画書の作り方

　よく通る企画書を作成するうえで、大切な要件は3つあります。それは、**CHART 1-5**の左側の円で囲った、「現場百遍」「試作実験」「発信共有」です。つまりここでは、「企画書を作る大切な要件」という大きなひとかたまりの事実を、「現場百遍」「試作実験」「発信共有」という3つの小さな事実に分解したことになります。

　そして、それぞれが具体的にどのような行動を示すのかを、右側の囲みの中で説明しています。「現場百遍」は「日々、現場を回り、ヒットの種を探索する」、「試作実験」は「最初に、本物同等のカタログを作り、ゴールを共有する」、「発信共有」は「企画書の下書きを共有し、手軽に意見を集める」です。

さらに、具体的な事例を深掘りした事実も、その下に書いてあります。

日々、現場を回り、ヒットの種を探索する……「自らアンケートを作って、消費者に聞く」「足で稼いだデータを積み上げる」
最初に、本物同等のカタログを作り、ゴールを共有する……「『あったらいいな』というイメージを描く」「模型を作って撮影し、製品写真も掲載する」
企画書の下書きを共有し、手軽に意見を集める……「製品のデザインや使用風景をイラストにまとめる」「空き時間、休憩時間を活用する」

というもので、これらもすべてが事実です。こうした３つの要件にひもづいた行動を、企画書の達人たちは実践しているのです。
結論として、この図は全体で「達人に学ぶ企画書の作り方」という１つの事実を表していて、それが「現場百遍」「試作実験」「発信共有」という３つ

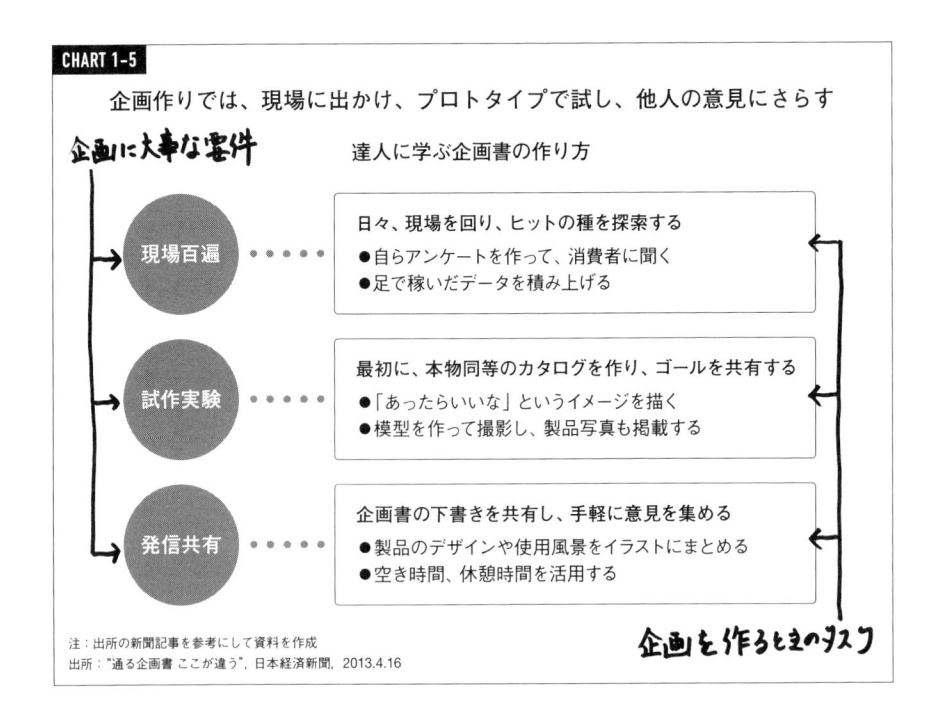

CHART 1-5

企画作りでは、現場に出かけ、プロトタイプで試し、他人の意見にさらす

企画に大事な要件　　達人に学ぶ企画書の作り方

- 現場百遍
  - 日々、現場を回り、ヒットの種を探索する
    - ●自らアンケートを作って、消費者に聞く
    - ●足で稼いだデータを積み上げる

- 試作実験
  - 最初に、本物同等のカタログを作り、ゴールを共有する
    - ●「あったらいいな」というイメージを描く
    - ●模型を作って撮影し、製品写真も掲載する

- 発信共有
  - 企画書の下書きを共有し、手軽に意見を集める
    - ●製品のデザインや使用風景をイラストにまとめる
    - ●空き時間、休憩時間を活用する

企画を作るときのコツ

注：出所の新聞記事を参考にして資料を作成
出所："通る企画書 ここが違う"、日本経済新聞、2013.4.16

の要素に分解されています。そして、その3つにひもづく行動が達人たちの流儀である、ということを伝えているわけです。

　ちなみに、一見、簡単そうに見える分解ですが、実は、この分解ができるかどうかが仕事の成果に大きな差を生みます。整理、分解、比較というシンプルな思考法に慣れている人であれば、それがどのような課題であっても難なく分解することができます。反対に、整理、分解、比較の経験が少ない人にとっては、すでに用意されている CHART 1-5 のような分解の結果を見て、あたかも自分の頭で考えたような錯覚に陥っている「なんちゃって理解」の状態にすぎないのです。

　では、自分の力で分解ができるようになるには、どのような方法があるのでしょうか。

「上から考える方法」と「下から考える方法」がある

　この1枚の図を作成するには、2つの方法があります。端的に言えば、「上から考える方法」と「下から考える方法」です。

　次ページの **CHART 1-6** は、「上から考える方法」を示すものです。完成した CHART の左側だけがある状態です。これは、各論に入る前に、あらかじめ"アタリ"をつけてから臨むやり方です。たとえば、「達人に学ぶ企画書の作り方」というテーマなら、まずは自分で「通りやすい企画書を作るときに大切な要件とはなんだろう？」と考え、大ざっぱな仮説を立ててから実際に調べていくのです。

　一方、下の **CHART 1-7** は、「下から考える方法」を示します。これは、完成した CHART の右側だけがある状態です。この方法では、とにかくいろいろなデータを集めて、その後で、グループ分けをしていきます。まず、達人と呼ばれる人たちに「企画書を作るときにどんなことを実践しているか？」と片っ端から聞いて、事実を集めていきます。その後、集まったデータをグルーピングして、1つの結論にまとめあげていくやり方です。

　「上から考える方法」は、ある程度の場数を踏んだ人や、経験値の高い人が実践している方法で、論理的思考が身につくとスムーズにできるようになり

CHART 1-6

企画作りでは、現場に出かけ、プロトタイプで試し、他人の意見にさらす

達人に学ぶ企画書の作り方

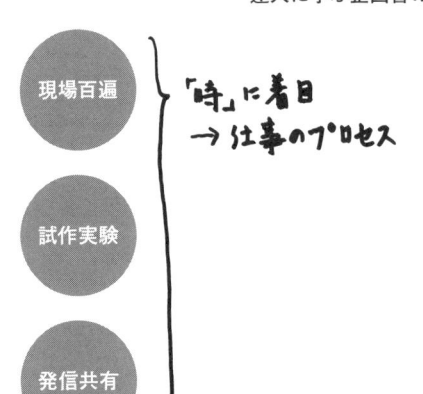

- 現場百遍
- 試作実験
- 発信共有

（手書き）「時」に着目 → 仕事のプロセス

注：出所の新聞記事を参考にして資料を作成
出所："通る企画書 ここが違う"、日本経済新聞, 2013.4.16

CHART 1-7

たった3つのスキルが、あらゆる仕事の基本を形成している

達人に学ぶ企画書の作り方

（手書き）仕事の内容を書き出す ↓ 3つにまとめてタイトルを付ける

- 日々、現場を回り、ヒットの種を探索する
  - 自らアンケートを作って、消費者に聞く
  - 足で稼いだデータを積み上げる

- 最初に、本物同等のカタログを作り、ゴールを共有する
  - 「あったらいいな」というイメージを描く
  - 模型を作って撮影し、製品写真も掲載する

- 企画書の下書きを共有し、手軽に意見を集める
  - 製品のデザインや使用風景をイラストにまとめる
  - 空き時間、休憩時間を活用する

注：出所の新聞記事を参考にして資料を作成
出所："通る企画書 ここが違う"、日本経済新聞, 2013.4.16

ます。

　一方の「下から考える方法」は、若いビジネスパーソンなど、論理的思考に慣れていない人が実践しやすい方法です。たとえば、インタビューをするときも、相手が話す流れに沿って一字一句メモ書きをしていき、ひととおり相手が話し終わった後で「この話の中で重要なポイントは何だろう？」と考えていきます。この方法は時間がかかるものの、結果に誤差や間違いが少ないという利点があります。

「上から考える方法」でインタビューをすると、もちろん相手の話の重要なポイントをメモ書きしますが、すべてを時系列に書き起こすようなことはしません。あらかじめ自分の中で「このテーマで大事なポイントになるのは、これとこれだな」と仮説を立てたうえでインタビューに臨んでいるからです。ですから、相手の話を聞きながら、「ここが重要なポイントの1つだ」と確認しながらインタビューを進めていきます。

　新人のビジネスパーソンが、「打ち合わせでは、とにかく相手の言っていることをすべてメモにしなさい」と指示されるのは、「上から考える方法」に慣れていないからです。論理的思考が正しくできていないのに「上から考える方法」を試みても、相手の話をとらえるポイントがずれてしまいます。同じ話を聞いていたのに、打ち合わせ終了後に確認をしたら、ベテランと新人では押さえるポイントがまるで違っていた、ということがよく起こるのもこのためです。

　逆説的に言えば、「下から考える方法」をコツコツと続けていれば、やがて"勘どころ"がわかるようになり、「上から考える方法」が自然とできるようになるものです。さらに、「上から考える方法」ができるようになれば、自分の立てた仮説と相手の話のポイントの間にあるギャップを感じ取れるようになり、精度の高いコミュニケーションがとれるようになります。

モレやダブリがあると理屈が通らなくなる

　話を戻しましょう。「達人に学ぶ企画書の作り方」には、「上から考える方法」と「下から考える方法」の2種類があることがわかりました。ここで重

要なのは、どちらの方法をとるにしても、内容にモレがなくダブリもないようにする、ということです。**CHART 1-5**の左側と右側の事実の集合は、モレもダブリもない内容に整理、分解されているはずです。モレやダブリがあると、理屈が通らなくなってしまいます。

「上から考える方法」と「下から考える方法」で、出てくる結論は同じです。だから自分が得意な方法を選べばよいのです。ただし、**事実を正しい切り口でとらえて束ねる整理をして、モレなくダブリなく分解する、という基本**だけはしっかり守ってください。そうすれば、どのような問題でも必ず正解を導き出せるはずです。

SECTION 11

比較：同じ視点で「事実(ファクト)」と「事実(ファクト)」を比べる

　ビジネス上のコミュニケーションに必要な3つのスキルである整理、分解、比較のうち、大小さまざまな事実(ファクト)をそれぞれ1つのかたまりとしてとらえるのが整理、ある軸をもとにモレなくダブリなく事実をグループ分けするのが分解でした。ここでは最後の比較について説明します。

　比較を説明するために1つの事例を用意しました。**CHART 1-8**、**CHART 1-9**に示した、「3人の達人が実践する上司説得の方法」という事例です。タカラトミーのYG氏、NTT西日本のYM氏、TDKのIS氏という3

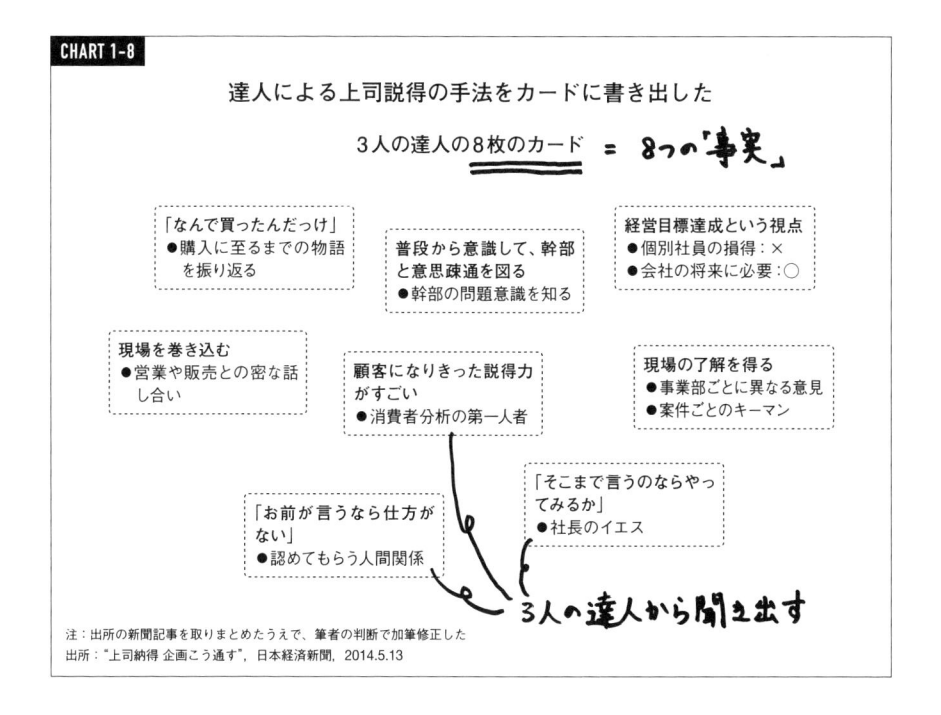

CHART 1-8

達人による上司説得の手法をカードに書き出した

3人の達人の8枚のカード ＝ 8つの「事実」

- 「なんで買ったんだっけ」
  - 購入に至るまでの物語を振り返る

- 普段から意識して、幹部と意思疎通を図る
  - 幹部の問題意識を知る

- 経営目標達成という視点
  - 個別社員の損得：×
  - 会社の将来に必要：○

- 現場を巻き込む
  - 営業や販売との密な話し合い

- 顧客になりきった説得力がすごい
  - 消費者分析の第一人者

- 現場の了解を得る
  - 事業部ごとに異なる意見
  - 案件ごとのキーマン

- 「お前が言うなら仕方がない」
  - 認めてもらう人間関係

- 「そこまで言うのならやってみるか」
  - 社長のイエス

3人の達人から聞き出す

注：出所の新聞記事を取りまとめたうえで、筆者の判断で加筆修正した
出所："上司納得 企画こう通す"、日本経済新聞、2014.5.13

人の達人が、それぞれどのように上司を説得しているかを図で表しています。3人とも上司をうまく説得していますが、そのプロセスや方法論は三者三様だということです。

このように、「事実を並べたときに、どのような差があるか」がすぐにわかるのが、比較の大きな特徴です。具体的に見ていきましょう。

3人の達人が実践する上司説得の方法

3人の達人が実践している上司説得の方法についてヒアリングをしたところ、それぞれに固有のノウハウがあることがわかりました。それをそのまま事実として整理します。タカラトミーのYG氏は「なんで買ったんだっけ」「顧客になりきった説得力がすごい」、NTT西日本のYM氏は「ふだんから意識して、幹部と意思疎通する」「現場を巻き込む」「そこまで言うのならやってみるか」、TDKのIS氏は「経営目標達成という視点」「現場の了解を得る」「お前が言うなら仕方がない」といったことです。

これを、「会社の将来」「幹部との意思疎通」「現場の巻き込み」「お客様の物語」「信頼感の醸成」という5つのかたまりに分解します。

このときの軸の立て方と分解の仕方については、問題解決の際によく登場する「KJ法」を活用してもよいでしょう。収集した情報をカード化し、同じ系統のものをグループ化していくKJ法を応用するのです。**CHART 1-8**を見てください。

3人の達人のノウハウである「なんで買ったんだっけ」「顧客になりきった説得力がすごい」「普段から意識して、幹部と意思疎通を図る」「現場を巻き込む」「そこまで言うのならやってみるか」「経営目標達成という視点」「現場の了解を得る」「お前が言うなら仕方がない」という8つの事実を、それぞれ小さいカードに書き込みます。次に、そのカードをバラバラに置いて、同じくくりでまとめられそうなものは並べ、まとめられそうにないものは単独で残しておきます。そして、それぞれのグループごとにタイトルをつけると、それが分解の切り口になっている、という流れです。

たとえば、「顧客になりきった説得力がすごい」「そこまで言うのならやっ

てみるか」「お前が言うなら仕方がない」という似通った事実を並べ、共通する要素として「信頼感の醸成」というタイトルをつけて軸にします。同じように、「現場を巻き込む」「現場の了解を得る」には、「現場の巻き込み」というタイトルをつけます。残りの事実はくくりきれないので単独で残し、それぞれタイトルをつけます。図中では「会社の将来」「幹部との意思疎通」「お客様の物語」となっています。ここまでが、分解の作業です。

そして、ここからがいよいよ比較です。**並んでいる事実を見て、共通しているものを確認し、そこからメッセージを読み取るのです**。たとえば、3人に共通している「信頼感の醸成」という事実からは、企画を立てる以前に、あらかじめ上司や周囲との信頼関係を築いておくことがビジネスの基盤として重要だ、ということが見えてくるでしょう。

単独で残されている事実からも、メッセージは読み取れます。たとえば

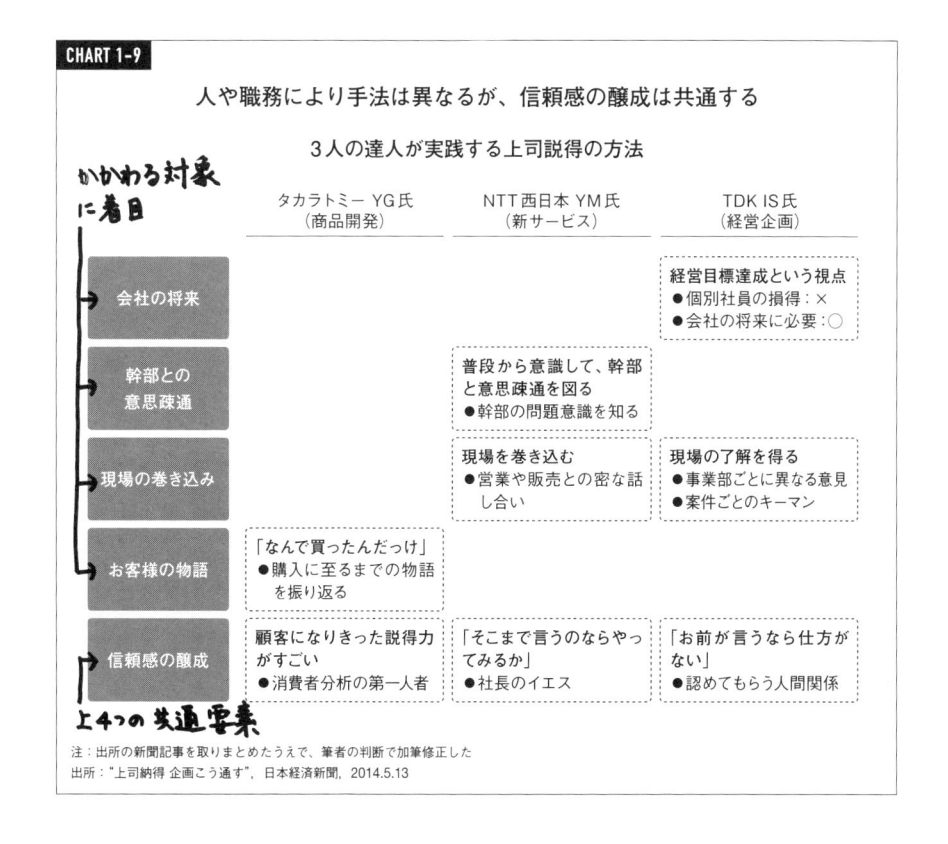

CHART 1-9

人や職務により手法は異なるが、信頼感の醸成は共通する

3人の達人が実践する上司説得の方法

かかわる対象に着目

	タカラトミー YG氏（商品開発）	NTT西日本 YM氏（新サービス）	TDK IS氏（経営企画）
会社の将来			経営目標達成という視点 ●個別社員の損得：× ●会社の将来に必要：○
幹部との意思疎通		普段から意識して、幹部と意思疎通を図る ●幹部の問題意識を知る	
現場の巻き込み		現場を巻き込む ●営業や販売との密な話し合い	現場の了解を得る ●事業部ごとに異なる意見 ●案件ごとのキーマン
お客様の物語	「なんで買ったんだっけ」 ●購入に至るまでの物語を振り返る		
信頼感の醸成	顧客になりきった説得力がすごい ●消費者分析の第一人者	「そこまで言うのならやってみるか」 ●社長のイエス	「お前が言うなら仕方がない」 ●認めてもらう人間関係

上4つの共通要素

注：出所の新聞記事を取りまとめたうえで、筆者の判断で加筆修正した
出所："上司納得 企画こう通す"、日本経済新聞、2014.5.13

TDKのIS氏には、「経営目標達成という視点」の事実が残されていますが、ここから読み取れるのは、IS氏は「会社の将来」という目線で上司を説得したということです。経営目標を達成するにはどうすればいいか、という観点で上司を説得するロジックを作り、それを企画書に落とし込んでいるのではないか、と推測できるでしょう。

　このように、事実を整理、分解して比較すると、いままで気づかなかったことが見えてきます。IS氏の例のように他者との違いからメッセージを見出すことができれば、事実を正しく伝えるうえでもとても強力な武器になります。

　ここで挙げた例では、3人の達人のさまざまなやり方が見えてきました。実際に、自分が上司を説得する際には、その中から自分に合ったものを選択すればよいのです。事実を整理、分解して比較すれば、自分に最適な正しいゴールを確実に見出せるようになるのです。

COLUMN

ビジネスで扱うルールもケースも結果も「事実(ファクト)」である

　ビジネスの世界で問題解決を図る際には、「3つの基本要素が必要不可欠だ」とよく言われます。それは、「ルール」「ケース」「結果」のことです。それぞれについて、ここで少し詳しく説明しましょう。

ルールとは?

　ルールとは、「世の中のものが形作られる方法についての考え」のことです。社会科学の法則やビジネス上の普遍的な法則、事業や組織を成り立たせるために広く適用できる考え、といったものです。

ケースとは?

　ケースとは、「世の中に存在して、観察される事例」のことです。ビジネスにかかわる事例、事業の成功に向けた戦略や組織を動かすための仕組みの例、といったものです。

結果とは?

　結果とは、「世の中で起こりうる(起きた)出来事」のことを言います。ビジネス上の行動の帰結、実行した事業戦略の成果や組み立てた組織能力の効果、といったものです。

　これが、ルール、ケース、結果です。
　たとえば、「メディアミックスというビジネス上の融合は、規模の経済が効く点で有利だ」というルールがあって、「出版社と映画会社が経営統合した」

というケースがあったとします。そして、「100億円の収益が上がった」という結果が出た場合、を考えてみましょう。

本章で語った整理のスキルを活用して考えると、「出版社と映画会社が経営統合した」というケースだけが唯一の事実ではないということは、すぐにわかるでしょう。「メディアミックスというビジネス上の融合は、規模の経済が効く点で有利だ」というルールも「100億円の収益が上がった」という結果も、やはり事実になるのです。

ビジネスの法則があって（ルール）、その法則を適用してみたところ（ケース）、どんな変化が起きたか（結果）、という3つはすべて「事実」である、という認識を持つことが、ここではとても重要です。

どれほど優秀なビジネスパーソンでも、すべての仕事を最初からパーフェクトにこなせるわけではありません。まずは仮説を立てて、実験をして、そこから出た結果を検証します。そして、普遍的な何らかの法則に適用できるかどうか、何度も繰り返して確かめます。現実に当てはめて繰り返し検証していくこ

CHART 1-10

ビジネスで扱うルールもケースも結果も「事実」である

ビジネスの問題解決における3つの基本要素

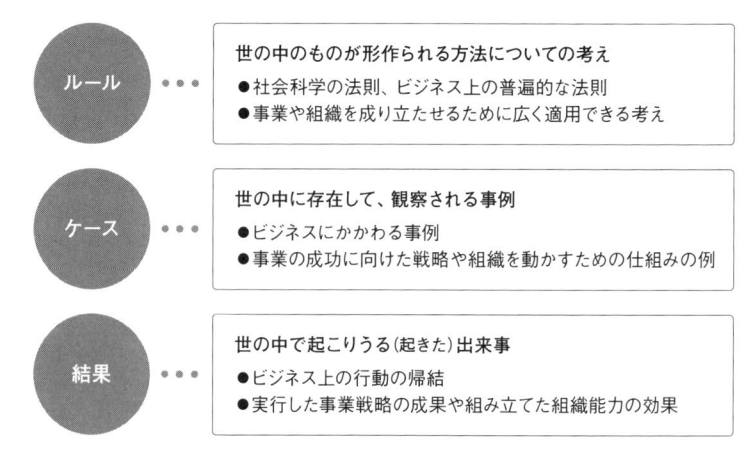

ルール
世の中のものが形作られる方法についての考え
- 社会科学の法則、ビジネス上の普遍的な法則
- 事業や組織を成り立たせるために広く適用できる考え

ケース
世の中に存在して、観察される事例
- ビジネスにかかわる事例
- 事業の成功に向けた戦略や組織を動かすための仕組みの例

結果
世の中で起こりうる（起きた）出来事
- ビジネス上の行動の帰結
- 実行した事業戦略の成果や組み立てた組織能力の効果

注：出所を参考にして作成
出所：Minto, Barbara. The Pyramid Principle: Logic in Writing and Thinking. Minto International, 1991.

とで、「どこが間違っていたのか」が明らかになってきます。うまくいかない原因が明確になれば、漠然としていた課題の問題点もピンポイントで見えてくるでしょう。そうすれば、必ず前進できるはずです。

　このことが「ルール」「ケース」「結果」を使いこなすということですし、「事実」を自在に活用するということでもあります。

　ビジネスで扱う「ルール」「ケース」「結果」がすべて「事実」であることに気づけば、シンプルな思考法はますます身近なものになります。

第2章

事実(ファクト)をどのように「整理」すればいいのか

SECTION 12 課題設定によって事実(ファクト)の整理の仕方は変わってくる

「言いたいことが相手に伝わらない」ときは、自分のほうも、伝えたい内容について正確に理解できていないことが多いのではないでしょうか。なんとなくわかったつもりで何かを伝えようとしても、相手もどう受け取ればよいか迷い、困惑してしまいます。

相手に理解されやすく話せる人は、伝えたい内容を十分に理解して、相手が理解しやすい形にして事実(ファクト)を伝えているものです。それには、まず自分の中で事実をきちんと整理する必要があります。

「整理をする」とは、ひと言で言うと「束ねる」ことです。混沌としてバラバラになっている情報やデータという事実をとらえて、束ねるのです。といっても、手当たり次第に束ねても仕方ありません。まずは課題を設定し、それに合う事実を集めて束ねていきます。したがって、課題設定の仕方によって整理の方法も変わるわけです。

そもそも、一般的な情報の整理の仕方には、トップダウン型とボトムアップ型の2パターンがあります。トップダウン型は、コンサルタントのバーバラ・ミントが提唱した「ピラミッドストラクチャー」に代表される方法で、まずはメインとなるメッセージを置いて、それを補足するサブのメッセージをその下にいくつか置き、さらにその下に各メッセージの根拠となる事実をピラミッド状に列挙していくやり方です。

これに対して、日本のビジネスパーソンに馴染みがあるのはボトムアップ型です。これは、テーマに関連する情報を1枚に1事実のルールでカードに書き出し、書き出したカードを広げて、関係がありそうなもの同士を大まかなグループに分けて並べ、それぞれのグループに見出しをつけていくという、KJ法に代表されるやり方です。

最初からメッセージが明確であればトップダウン型もおすすめですが、ゴールが見えていない場合や、整理に慣れていない人は、ボトムアップ型で整理していくほうが進めやすいでしょう。

「差」「時」「類」「流」の4つに着目

　ボトムアップ型で整理していく場合に肝心なのは、「情報を集めながらどうやってグループ分けをしていくか」ということです。これが、課題設定の仕方によって事実の整理の方法も変わる、ということです。
　主なパターンとしては、次の4つの項目で整理していく方法があります。

「差」：物ごとを比べたときの差異や違いに着目します。

「時」：時間の流れや、それに伴う活動の順番に着目します。

CHART 2-1

課題設定によって「事実」の整理の仕方は変わる

「事実」を整理する切り口の例　→パワフルな武器になる！

「差」に着目	「時」に着目
経営者目線 (現状 / 目標 / ギャップ)	時間軸 (短期 / 中期 / 長期)(過去 / 現在 / 未来)
矛盾 (ニーズ・ギャップ)(他社との違い)(社内の認識差)	プロセス (研究開発/生産/物流/マーケティング/販売/サービス)

「流」に着目	「類」に着目
昔話の5W1H (When / Where / Who / What / Why / How)	エーベルの3次元 (WHO / WHAT / HOW)
ストーリー (Why / How / What)(Why / What / How)	既存と新規 (既存顧客 / 新規顧客)(既存製品 / 新規製品)

出所：コンサルティング活動における基礎知識

「類」：分類に着目します。グー・チョキ・パーのジャンケンや、新規と既存の類型化などが相当します。

「流」：話の流れや物語の組み立て方を意識した切り口です。

　このように、事実を整理するとは、無数にある情報の中から必要なものを見つけ、系統立てて束ねていくことです。
　実は、「差」「時」「類」「流」の4つは、整理をするときだけでなく、次章で解説する「分類」をするときにも非常に活躍します。詳細は後ほど説明しますが、整理した事実を分類する際に最も重要になるのが「どのように分けるか？」ということです。
　分ける方法においてカギを握るのが、「軸」です。整理した事実をどういう軸で分けるかによって、その後に続く比較のステップで出てくる答えが変わってくるからです。その軸の取り方を決めるのが、差、時、類、流という4つの切り口になります。
　前章では、「事実の整理と分解を正しくできるかどうかで、仕事の成果に差が出る」と述べましたが、具体的には差、時、類、流といういずれかの切り口で整理ができ、ニーズに合った軸を取ることができるかどうかが、重要になってきます。
　極端な話、これまで自分なりに考えてはいても、仕事に"行き詰まり"を感じることが多かった人は、差、時、類、流の4つを意識して物ごとを考えてください。それだけでも、いわゆる「仕事のできるビジネスパーソン」に一歩、近づいたことになると言えるでしょう。

SECTION
13 1つ1つの企業の実例を事実(ファクト)として整理する

そもそも、整理すべき事実(ファクト)とは何でしょうか？

ここでは、より実践的に、すべてのビジネスパーソンがみずからにあてはめて考えることができるような、身近にある企業の例を引きながら、整理の仕方の基礎を解説していきます。

CHART 2-2は、一般的な企業の実例を事実として整理したものです。左側に、「自社にかかわる事実」「業界・競合にかかわる事実」「市場・顧客にかかわる事実」という3つのブロックがタテに並んでいます。

CHART 2-2

1つ1つの企業の実例を「事実」として整理する

どんな「事実」も必ず整理できる

3Cに着目

ブロック	項目	内容
自社にかかわる「事実」 Company	経営理念	社是・社訓、社史、創業者の言葉、歴代経営者のメッセージ、など
	戦略	ビジネスモデル、経営戦略と事業戦略、組織能力、競争優位性、など
	経営計画	短・中・長期の経営計画、課題認識と目標とアクションプラン、など
	組織体制	組織図、人員構成、人材能力、など
	業務	業務プロセス図、業務分掌、業務マニュアル、など
	製品／サービス	販売製品、提供サービス、価格、マーケティングと販促、販路、など
	業績	管理会計データ、財務会計データ、財務諸表、など
業界・競合にかかわる「事実」 Competitor	業界構造	業界の動向、業界の収益性、シェア、売り手・買い手、など
	競合他社	競合の戦略やビジネスモデル、競合の組織や能力、新規参入、技術動向、など
市場・顧客にかかわる「事実」 Customer	経済動向	GDP、成長率、人口構成と推移、各国の法律や規制、など
	市場	市場規模とその推移、市場セグメント別の状況、など
	顧客	顧客ニーズ、顧客属性別の情報、家計支出、など

大きいかたまり   小さいかたまり

出所：コンサルティング活動における基礎知識

事実をどのように「整理」すればいいのか｜第2章　63

それぞれのブロックの右側には、たとえば「自社にかかわる事実」なら、「経営理念」「戦略」「経営計画」「組織体制」「業務」「製品／サービス」「業績」と、小さなブロックに分けられています。同じく、「業界・競合にかかわる事実」には「業界構造」「競合他社」が、「市場・顧客にかかわる事実」には「経済動向」「市場」「顧客」が、それぞれ置かれています。それらもすべて事実です。

そして、その右側には、それをさらに細かく分解したものが並んでいます。それらも1つずつ、すべてが事実です。ですから、小さなブロックを1つだけとっても事実ですし、すべてを合わせても事実なのです。事実のとらえ方の大きさが異なるだけで、最小単位で見れば、右側の小さなブロックの積み重ねになるというわけです。

うまく整理できないとどうなるか？

それでは、事実を正確に整理できていないと、どうなるでしょうか。たとえば、次のような思い込みはどうでしょう。

○自社の販売商品と業界の流通構造を同じ事実としてとらえてしまう
○自社の経営戦略と競合他社のシェアを同じ事実としてとらえてしまう
○創業者の言葉と市場規模の話を同じ事実としてとらえてしまう

このように、内容がまったく異なっている事実であるにもかかわらず、同じ1つの事実としてまとめてしまうようでは、事実を正しく整理しきれているとは言えません。

異なる種類の事実を同じ分類の事実だと思い込み、整理したつもりになってしまうと、コミュニケーション上でギャップが生じます。「会話が噛み合わない」「ミーティングの論点がズレてしまう」という場合は、たいてい整理の仕方を間違えているものです。

上司：「今回、うちのチームが提案した自社製品の販促プランは、A社には

採用されなかったが、B社へのアプローチ材料にはなるはずだ。どういう切り口があれば活かせると思う？」
部下：「そうですね、私がこのプランの立案にあたって最も苦労したのはマーケティングでした。自社製品のメインユーザーのターゲットは30代の独身男性ですが、アンケート調査をしたところ、20代の女性にも広がっていたことがわかった、ということです」

　このように、「販促プランの新戦略」と「自分の苦労談」という、種類が異なる2つの事実を論じても、話が噛み合うはずもなく、意味はありません。それどころか、相手とのコミュニケーション・ギャップを生む危険性をはらんでいると言えます。
　事実を正しく見極めて整理することで、見当違いの努力や的外れな会話をしなくて済むようになるのです。

SECTION 14

事実(ファクト)を整理するために、情報やデータを収集する

　ビジネスパーソンであれば誰しも、1つの結論を導き出すために、その裏付けとなる情報やデータを収集することは日常茶飯事です。

　たとえば、「自社製品の売上げを前年度よりアップさせたい」という課題に取り組むとしましょう。まずは、売上目標について、具体的にどの事業で、前年度比でどのくらいの増加を狙っているのかなど、事業計画の内容を正しく知る必要があります。また、競合企業が現在、どのような戦略でどれくらいの実績を上げているのかを把握することも重要です。さらに、既存の顧客が対象となる製品にどのような不満を抱き、どのような期待をしているかも調べます。

　こうして得た情報やデータは事実として整理できてはじめて、生きた情報やデータとして有効に活用できるようになります。そして、それらの情報やデータを裏付けにして、「売上アップの施策としてこういう案が考えられる」という、具体的な解決策へとつなげていくのです。

　裏付けとなる情報やデータを事実として整理し、仮説を導き出して検証を繰り返しながら正しい結果に近づけていくプロセスは、コンサルテーションに限らず、すべてのビジネスで有効な方法です。だからこそ、まずは情報やデータから得られる事実が重要になるわけです。

　それでは、実際にビジネスで必要となる情報やデータには、どのような種類があるか考えてみましょう。

　ここで重要なことは、ビジネスに必要な情報やデータの種類が、すべてそのまま事実になっていることです。CHART 2-3を見ると、そのことがおわかりいただけるでしょう。仮説の裏付けとなる情報やデータについて考えることは、仮説に基づいて事実を整理することでもあるのです。

定性的情報と定量的情報の使い分け方

情報とデータについては、次のように考えます。

まず、ビジネスにおける情報やデータは、「定性的な情報」と「定量的な情報」の2種類に分けられます。性質や特徴を見極めることを目的とする定性的な情報と、数字で量の多少や規模の大小などを示す定量的な情報は、どちらも必要不可欠です。

次に、それぞれの情報やデータをどのような方法で収集していくかを考えます。定性的な情報を手軽に収集する方法として一般的なのは、インタビューによる意見調査です。そこで、考えられる範囲をできるだけ広げ、有益な意見を語ってくれそうな対象者を洗い出します。CHARTにあるように、「トップ・インタビュー」「社内インタビュー」「顧客インタビュー」「競合インタビュー」「有識者インタビュー」と5つの階層に分ける方法もあります。

CHART 2-3

収集した情報やデータを「事実」として整理する
ビジネスにおける定性的情報と定量的情報

定性的な情報	トップ・インタビュー	経営者や役員、事業責任者の見解を聞く
	社内インタビュー	キーパーソンや社内各層の人々から情報を得る
	顧客インタビュー	グループインタビューや店頭インタビューで顧客ニーズを探る
	競合インタビュー	業界の競合他社から業界動向や戦略にかかわる情報を得る
	有識者インタビュー	業界の専門家やアナリスト、業界団体の意見を聞く
定量的な情報	質問調査	インターネットや郵送によって質問項目への回答を得る
	ビッグデータ	ビジネスの知見が得られる大規模で複雑なデータを解析する
	シミュレーション	想定される条件を当てはめ、現実に近い状況で将来を予測する

定性情報は 定量的に証明されると パワフルになる

出所：コンサルティング活動における基礎知識

ちなみに、インタビュー調査には、情報やデータを集めることのほかに、自分で立てた仮説を検証できるという利点もあります。

　たとえば、「ブランド力のある会社だから、新製品の効果でもっと売上げが上がってもいいはずなのに、それほど伸びていない。販促や広告の方法に問題があるのでは？」という仮説をあなたが立てたとします。その仮説が正しいかどうかを確かめるには、顧客へのグループインタビューが効果的です。「新製品が発売されていることを知らなかった」「新製品のテレビCMの印象がよくない」「新製品をどこで購入できるのかわかりにくい」といった意見を聞くことができれば、仮説を検証できます。

　仮に、インタビューで仮説とは異なる意見が出てきたら、仮説のほうを変えればいいだけのこと。新しく立てた仮説がうまくあてはまるか、仮説と検証の繰り返しによって最適解に近づいていくわけです。

　一方、定量的な情報の収集方法の代表格は質問調査（アンケート調査）です。ほかにも、ビッグデータやシミュレーションがあります。長い時間軸にわたって大量かつ大規模なデータを集めることができるビッグデータや、将来を予測するためにデータをある条件に従って分析していくシミュレーションは、数字としての情報やデータの収集に適しています。

　定性的な情報や定量的な情報を事実として正しく整理すれば、次の一手を考える際に役立ちます。

SECTION 15

アマゾンを例に、事実(ファクト)を整理してみよう

よく知られているアマゾンの事業展開を例に、事実(ファクト)の整理の仕方を考えてみましょう。しっかりしたデータがあれば、事実を正しくとらえることでここまで考えられる、という整理の応用編です。

ジェフ・ベゾスの戦略的考察

アマゾンは、1995年に創業者のジェフ・ベゾスによってサービスが開始され、現在は世界10カ国、1億5000万人以上のユーザーが利用していると言われています。売上高が700億ドル以上もあると聞くと、「さぞかし営利優先の商業主義の企業なのでは？」と思いきや、実際には「常にお客様目線で考える」ことを軸としている企業です。

たとえば、CHART 2-4 にもそのことが表れています。これはジェフ・ベゾスが起業する前に、投資家たちとの会食の場で紙ナプキンに書いたと言われる、アマゾンのビジネスモデルです。

ジェフ・ベゾスは、このビジネスモデルを直近の打ち手や施策の話ではなく、永続する企業としての遠い未来を見つめた戦略として語っていました。ですから、CHART 2-4 のビジネスモデルは過去のものではなく、いまもこのときに語ったものが少しずつ進化し、増幅しながら生き続けているのです。

アマゾンには多くの品揃え（Selection）があります。だからこそ、顧客は欲しいと思った品物をすぐに入手できるという、これまでにない便利な体験（Customer Experience）ができ、顧客満足度は高まります。満足した顧客が評判を広めることによって利用者が増加し、ウェブサイトへの訪問回数の活性化（Traffic）が起こります。アマゾンは、自社だけでなく、マーケットプ

レイスなどによって他企業や個人も売り手（Sellers）になれるので、トラフィックが大きくなるほど品揃え（Selection）が拡大していく好循環になります。

一方で、少しでも安価な商品を求める顧客ニーズを満たすためには、低コスト体質（Lower Cost Structure）が必要です。顧客が増えて企業が大きくなれば、資金に余力が出てきますし、規模の経済が働くようになり、より低価格（Lower Price）で商品を提供できるようになる、というわけです。そうすれば、顧客はより安い価格で品物を手に入れることができる、という体験（Customer Experience）ができ、顧客満足度が高まります。

つまり、経営者であるジェフ・ベゾスは、顧客のニーズに焦点を当ててビジネスモデルを考えたのです。その結果、安い価格で商品が手に入ること、商品の選択肢が多いことなどで、顧客がアマゾンを利用する満足度と頻度が増すと考えたのです。利益優先で考えたのであれば、図の中心に入っているのは企業としての成長（Growth）ではなく、利益（Profit）だったはずです。

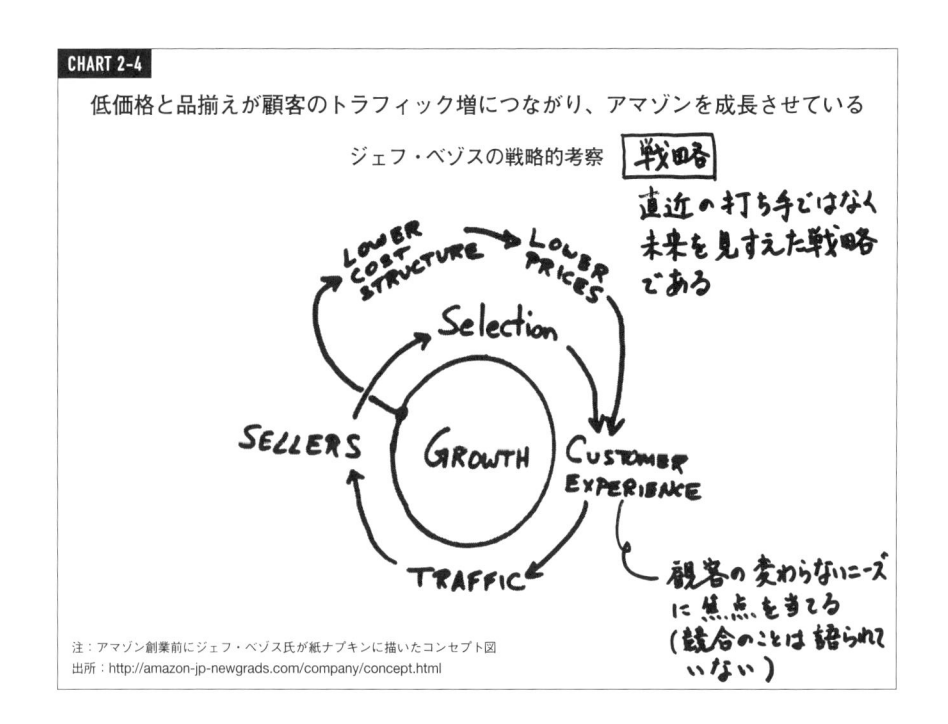

CHART 2-4

低価格と品揃えが顧客のトラフィック増につながり、アマゾンを成長させている

ジェフ・ベゾスの戦略的考察　戦略

直近の打ち手ではなく未来を見すえた戦略である

顧客の変わらないニーズに焦点をあてる（競合のことは語られていない）

注：アマゾン創業前にジェフ・ベゾス氏が紙ナプキンに描いたコンセプト図
出所：http://amazon-jp-newgrads.com/company/concept.html

アマゾンが自社の命題として掲げているのは、利益ではなく「企業の成長」であることが、おわかりいただけたでしょうか。

長くなりましたが、以上のようなアマゾンの戦略が、ケースとして1つの事実になっています。

アマゾンの業績推移は、戦略どおりになっている

次に、「実際にアマゾンの業績はどうなっているのか？」を見てみましょう。これには、**CHART 2-5** にあるようなデータを活用します。

この場合も、長い時間軸で見た場合の、アマゾンの業績について語っています。つまり、最近のことだけではなく、創業から10年、20年と経過した現時点までの長い時間軸でアマゾンの業績をとらえています。

まず、左側の「売上高と純利益の推移」のグラフを見ると、創業以来、売上高は一貫して右肩上がりになっています。しかし、これだけを見て「利益

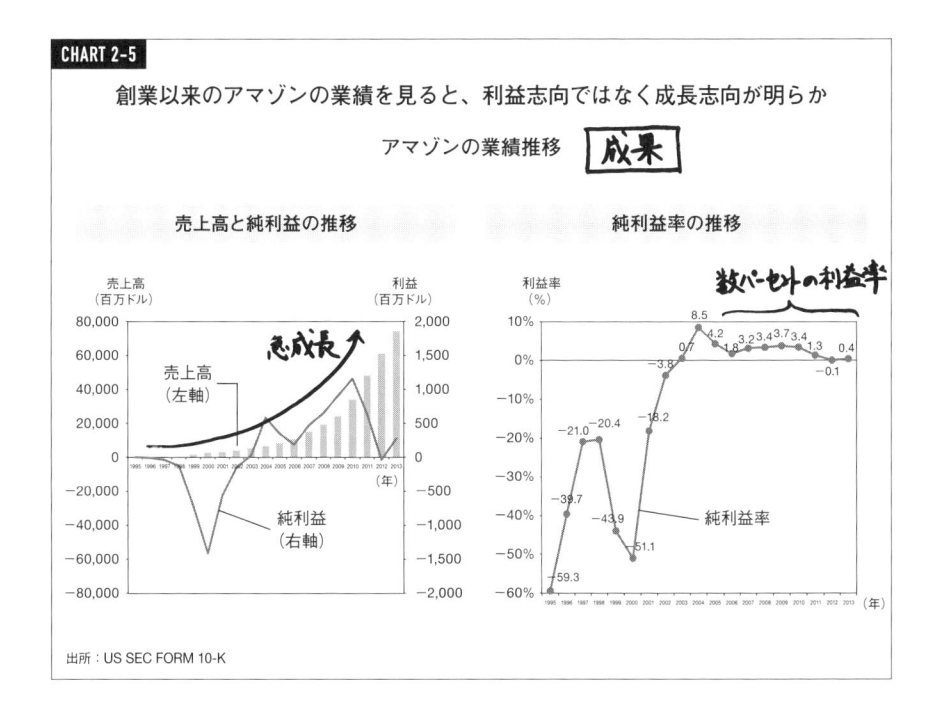

CHART 2-5

創業以来のアマゾンの業績を見ると、利益志向ではなく成長志向が明らか

アマゾンの業績推移　成果

売上高と純利益の推移　　　　　純利益率の推移

出所：US SEC FORM 10-K

を順調に伸ばしている」と判断するのは早計です。それは、純利益の推移を示す折れ線グラフを見るとわかります。創業してからしばらくはマイナスの横ばいで、一度、ガクッと落ちます。その後も、回復を見せてプラスに転じるほど順調に伸びたかと思えば下がり、また上がっていった矢先に下降したりと、安定する気配がありません。

右側の「純利益率の推移」という折れ線グラフでは、純利益がそれほど大きくないことがより顕著に見て取れます。ここ数年を振り返っても、わずかな利益しか出ていません。ここから言えるのは、「アマゾンがお客様にできるだけ低価格で商品を提供している」「ITや物流にコストをかけているために利益が出にくい」ということでしょう。いずれにしても、「アマゾンは利益が少ない企業だ」と指摘されるのは当然のことなのです。

ですが、ここでさっきのビジネスモデルを思い出してください。創業者のジェフ・ベゾスが志向したのは、利益（Profit）ではなく、あくまでも企業としての成長（Growth）でした。その意味では、「お客様がアマゾンで体験する内容をより充実させて、企業としての成長を目指す」という本来のコンセプトからは外れておらず、むしろ、狙ったとおりに成功していると言えるのです。これが、アマゾンという企業の意志であり、結果だということです。

しかも、驚くべきことに、ジェフ・ベゾスは創業当時から、この結果を見越していたことになります。

結果として、アマゾンを支える経営法則とは

今度は、先ほどのケースと結果から導き出されたルール、つまりアマゾンの経営法則について考えたいと思います。

ジェフ・ベゾスが創業直近のことではなく、最近のことまで見据えて考えていたということは、経営法則からもわかります。

CHART 2-6にあるように、アマゾンの経営法則は、「（戦略論における）ポジショニング論とケイパビリティ論の両方に立脚している」のです。わかりやすく言えば、アマゾンという企業は、「戦略的立ち位置の優位性と、組織的強みの優位性の両方で成功している」ということになります。

ポジショニングについては、インターネットが普及しはじめた1990年代にいち早く創業し、電子商取引の分野を対象マーケットとして、書籍という商品を選んで事業を確立しました。競合がいない領域と商品を選んで、いち早くビジネスを立ち上げた企業として、ユニークなポジションを確立したと言えます。ケイパビリティについては、世界最大規模のITと物流に投資していることがほかの企業がマネできない強みであり、ユニークな組織能力になっています。たとえば、実店舗の数十倍と言われる圧倒的な品揃えや、顧客が商品を選択しやすいように膨大な量の中から適宜推奨してくれるリコメンデーション、最短で当日中に商品が配送されるクイック・デリバリーといったサービスは、アマゾンにしかない組織としての強みにほかなりません。

　ケイパビリティ論は、創業以来、何十年もかけて築いて現在につながる組織能力のことであり、長期的な理論を指しています。つまり、アマゾンという企業は、創業当時、ポジショニング論で事業の立ち位置を決め、その後、ケイパビリティ論で組織能力を高めていったということになります。

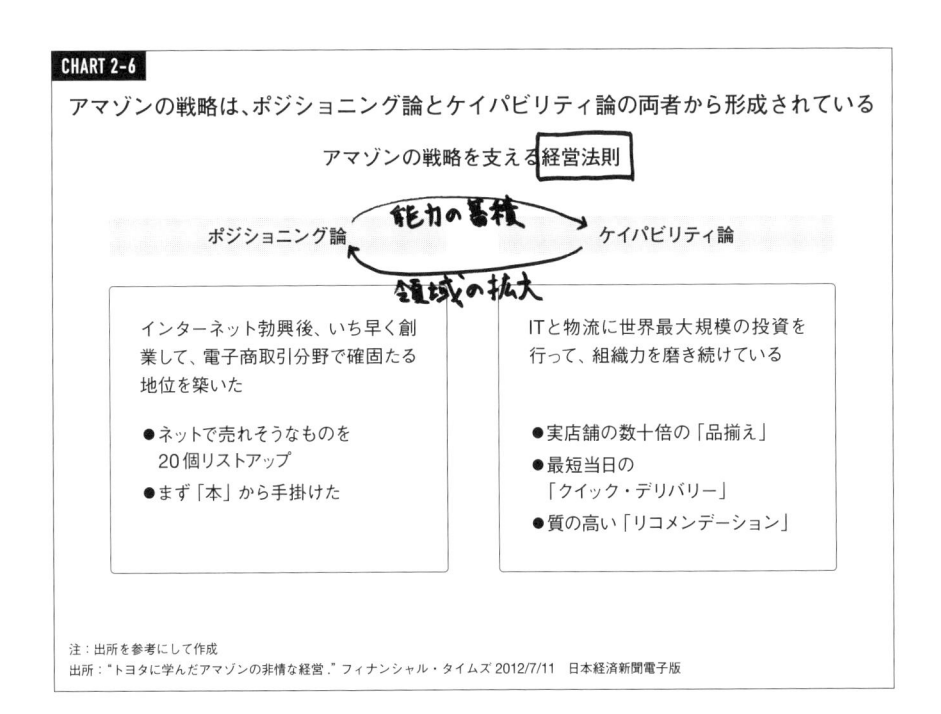

CHART 2-6

アマゾンの戦略は、ポジショニング論とケイパビリティ論の両者から形成されている

アマゾンの戦略を支える 経営法則

ポジショニング論　⇄（能力の蓄積／領域の拡大）⇄　ケイパビリティ論

ポジショニング論	ケイパビリティ論
インターネット勃興後、いち早く創業して、電子商取引分野で確固たる地位を築いた	ITと物流に世界最大規模の投資を行って、組織力を磨き続けている
●ネットで売れそうなものを20個リストアップ ●まず「本」から手掛けた	●実店舗の数十倍の「品揃え」 ●最短当日の「クイック・デリバリー」 ●質の高い「リコメンデーション」

注：出所を参考にして作成
出所："トヨタに学んだアマゾンの非情な経営."フィナンシャル・タイムズ 2012/7/11　日本経済新聞電子版

創業当初、「本」の販売からスタートしたアマゾンは、いまや家電やアパレル、食料品などにまで品揃えを増やしたことにより、ウェブサイトへの訪問回数が増加し、売り手は増えて商品の選択肢が増し、顧客の満足度は高まっていくという**CHART 2-4**に示したとおりの好循環が続いているのです。このように、アマゾンは、ポジショニング論とケイパビリティ論を行ったり来たりしながら成長を続けています。

　ポジショニングとケイパビリティの両方において優位性を確立していることが、アマゾンの経営法則になっているのです。

　ちなみに、事実という視点で考えて整理すると、CHARTの左側のポジショニング論で示したことが1つの事実であり、右側のケイパビリティ論で示したことも1つの事実です。そして、左右を統合して図全体を1つの大きな枠で考えても事実になる、ということです。

COLUMN

フレームワークやキーワードではなく、経営法則が「事実(ファクト)」である

　事実を整理するときに、注意しなければならないことがあります。それは、「事実(ファクト)」と「事実ではないもの」をしっかりと区別することです。
　一見、事実のように見えて、実は事実ではないものがあります。その代表格が、ビジネスのフレームワークとキーワードの2つです。
　ビジネスを考える枠組みであるフレームワークと、ビジネスの専門用語として使われるキーワード(いわゆるジャーゴン)は、どちらもビジネスパーソンなら誰もが一度は見聞きしたことのあるものでしょう。これらは、ビジネスパーソンが知っておきたい、解を導くためのツールやヒントのようなものと理解されています。
　繰り返しますが、フレームワークとキーワードは、どちらも事実ではありません。なぜなら、実際に、私たちの目の前にある仕事に、そのまま使うことができないからです。そのままの形ではなく、何らかの加工をしなければ使うことができない枠組みや単語は、事実とは言えません。フレームワークやキーワードを自分の仕事にあてはめて行動し、結果を出してはじめて、それが事実になるわけです。
　一方、フレームワークやキーワードとは似て非なるものに、経営に関する普遍的な法則があります。この経営法則などは、すべて事実です。なぜ、経営法則とフレームワークやキーワードが似て非なるものなのかということを、経営学者のマイケル・ポーターのケースで見ていきましょう。

マイケル・ポーターの「ファイブフォース」は「事実」か?

　「競合との競争を避けて、儲かる市場を選択すれば、持続的な競争優位を確立できる」。これは、マイケル・ポーターが生み出した有名な経営法則です。これはつまり、「競合他社と競うことを避けて、敵のいないところで事業を行え

ば、長い期間トップに立っていられる」ということを語っています。このことは、彼が生み出した経営の命題であり、事実でもあります。

なぜ事実なのかと言えば、実例にあてはめて検証できるからです。たとえば、自分の会社にあてはめることができます。さらに、その法則が正しいかどうかも必ずわかります。だからこそ、事実だと言えるのです。

一方、同じくマイケル・ポーターが考案した有名なフレームワークに、「ファイブフォース」があります。業界の構造を分析するときに、「業界内の競合他社」「新規参入者」「代替品・サービス」「売り手」「買い手」という5つの観点で、儲かるポジションを構築できるかどうかを判断するための枠組みです。「このような枠組みで分析することは役に立つだろう」という型を示しているのが、「ファイブフォース」などすべてのフレームワークが意図していることです。

結果的に、前者の経営法則と同じことを言っているように思えますが、フレームワークは事実ではありません。なぜなら、フレームワークは物ごとを分析したり、考えたりする際に便利な枠組みですが、それだけでは事実になりえないからです。枠組みだけがあっても、中身となる情報やデータが入っていないので事実とはなりえないのです。前者の経営法則と比べてみると、その違いがよくわかると思います。

A:「競合他社と競うことを避けて、敵のいないところで事業を行えば、長い
　期間トップに立っていられる」（経営法則）
B:「ファイブフォースの視点から分析する」（5つのキーワードからなるフレー
　ムワーク）

どちらが、ビジネスにおける事実でしょうか？　答えは明らかに、Aの経営法則です。Bのフレームワークは具体的なビジネスの事実が含まれていません。仮説検証するための情報やデータがないから「事実」とは言えないのです。

マイケル・ポーターと聞いて、経営の勉強をしている人ならば、すぐに「差別化」「コストリーダーシップ」「フォーカス」というキーワードが浮かんでくると思いますが、これらのキーワードもフレームワークと同様、考え方としては有意義ですが、事実とは言えないのです。

真逆の主張でも「事実は事実」

　事実という意味では同じ経営法則ですが、マイケル・ポーターとは異なる法則を生み出したのがリチャード・ダヴェニです。彼は、「競争優位は一時的で、それを繰り返し獲得できる企業が、長い期間にわたって高い業績を獲得できる」という経営法則を提唱しました。

　つまり、「トップにいられるのは一時的で、すぐに競合他社が攻め入ってくる。だから、常に新たな施策を考え、それを打ち続けることができる企業だけが、長い期間にわたって高い業績を維持できる」ということです。

　これは、「一度、自社に有利な市場を選択すればトップを取り続けられる」というマイケル・ポーターとは相反する内容の経営法則と言えます。ですが、これもまた事実です。マイケル・ポーターが言う事実とは反対のことであっても、それが仮説検証できるものであれば事実になるのです。

　一方、リチャード・ダヴェニが提唱したキーワードに、「ハイパー・コンペティション」があります。これは、端的に言うと、「持続的な競争優位性を確立できない激しい競争環境」、つまり「長い期間にわたって敵がいない状態を守れないほど、競争の厳しい環境」ということです。このキーワードもやはり事実ではありません。前項と同じように、経営法則と比較すると明らかになります。

A：「トップにいられるのは一時的で、すぐに競合他社が攻め入ってくる。だから、常に新しい施策を考え、打ち続けることができる企業だけが、長い期間にわたって高い業績を維持できる」（経営法則）
B：「ハイパー・コンペティション＝競争の厳しい環境」（キーワード）

　Aの経営法則は仮説検証ができますが、Bのキーワードのほうは状態を指している単語にすぎないので、これを目の前の現実にあてはめてみないことには、このままでは経営に活用できません。それが、キーワードが事実ではない理由です。「事実」とは、時代や経営環境の変化とともに変わっていくものですが、それが1つの事実であることには変わりはありません。

経営法則はビジネスの世界のルール

　相反する内容であっても同じ1つの事実である例は、マイケル・ポーターとリチャード・ダヴェニの例のほかにもあります。マイケル・ポーターとジェイ・バーニーの例です。

　ジェイ・バーニーの生み出した経営法則は、「企業が持てる経営資源を選択し、それが他社の模倣できないものになっていれば、企業は持続的な優位性を獲得できる」というものです。これは、「企業が持っている能力が、他社には真似のできない独自の経営資源であれば、それがトップに立ち続ける力の源泉になりうる」という意味です。

　ポーターと同じく競争優位をテーマに論じているにもかかわらず、ポーターの言う「外部の視点で儲かる市場を選択する」という法則とは意味合いが異なります。バーニーは「内部の視点で他社がマネできない能力を獲得する」ことが競争優位につながると主張しています。ですが、バーニーが言っていることも1つの事実なのです。

CHART 2-7

経営法則は「事実」である（1/3）

作業手順と作業器具の標準化が生産性を向上させる
　　　　　　　　　　　　　　　　　　　　　　　　　　　　　［フレデリック・テイラー］
- 自動車の大量生産システム

職場での人間関係の改善が生産性を向上させる
　　　　　　　　　　　　　　　　　　　　　　　　　　　　　［ジョージ・メイヨー］
- 人間関係論（モチベーション、リーダーシップ、カウンセリング）

競合との競争を避けて、儲かる市場を選択すれば、持続的な競争優位を確立できる
　　　　　　　　　　　　　　　　　　　　　　　　　　　　　［マイケル・ポーター］
- ファイブフォース、差別化／コストリーダーシップ／フォーカス

競争優位は一時的で、それを繰り返し獲得できる企業が、長期間にわたって高い業績を獲得できる
　　　　　　　　　　　　　　　　　　　　　　　　　　　　　［リチャード・ダヴェニ］
- ハイパー・コンペティション

出所：各論文

ジェイ・バーニーは「リソース・ベースド・ビュー」という考え方を提唱し、それを実践するために「VRIO」というフレームワークを考案しました。VRIOは、自社の内部資源の競争力を見極めるために、経済価値（Value）、希少性（Rarity）、模倣困難性（Inimitability）、組織（Organization）という4つの切り口で分析する枠組みです。

　繰り返しになりますが、フレームワークは形が違えども、「このように分析すればヒントが出てくるだろう」という型であることに変わりはありません。すると、下記のように、Aの経営法則だけが事実だということになります。

A：「企業が持っている能力が、他社には真似のできない独自の経営資源であれば、それがトップに立つ力の源泉になりうる」（経営法則）
B：「VRIOの切り口」（フレームワーク）

　ここまで3つの経営法則について説明してきましたが、ここから学べることは、経営法則をひとかたまりの事実として正しく整理して認識すると、それを

CHART 2-8

経営法則は「事実」である（2/3）

超優良企業の成功は、（ポジショニングのみでなく）価値観の共有によるマネジメントがもたらす　　　　　　　　　　　　　　　　　　　[トム・ピーターズ、ロバート・ウォーターマン] ●マッキンゼーの7S
企業が収益を生む源泉は、（事業のポジショニングでも、業務の効率性でもなく、）組織のニーズ対応力にある　　　　　　　　　　　　　　　　　　　[ゲイリー・ハメル、C・K・プラハラード] ●コアコンピタンス
企業が持てる経営資源を選択し、それが他社の模倣できないものになっていれば、企業は持続的な優位性を獲得できる　　　　　　　　　　　　　　　　　　　[ジェイ・バーニー] ●RBV（リソース・ベースド・ビュー）、VRIOフレームワーク
企業の発展段階によって、戦略や組織の最適な組み合わせ方は変わってくる　　　　　　　　　　　　　　　　　　　[ヘンリー・ミンツバーグ] ●10コンフィギュレーション

出所：各論文

自社にあてはめて考えられるようになる、ということです。経営法則はビジネスの世界のルールと言ってもよいでしょう。第1章で述べたように、「ルールもまた事実」なのですから。

　ルールはたくさんありますが、どれが自社にあてはまるのかは、それぞれで見つければよいですし、自社用にアレンジして考えてもいいでしょう。大切なのは、事実とそうでないものを見極めて、事実だけを正しく整理していくということです。

　ほかにも覚えておきたい有名な経営法則を、CHART 2-7, 2-8, 2-9 に紹介しておきます。問題解決や課題を考えるヒントとして、ぜひ活用してみてください。

ルールとケースと結果をそれぞれ「事実」ととらえる

　ビジネスパーソンであれば、何らかの壁にぶつかり、思考が混乱して思うように前に進めないという経験を、誰もが何度かしているはずです。そんなとき

CHART 2-9

経営法則は「事実」である（3/3）

事業計画は、事前にできるだけ精緻に立てるべきであり、それが目標達成につながる
　　　　　　　　　　　　　　　　　　　　　　　　　　　　　　［イゴール・アンゾフ］
●PDCAサイクル

不確実性の高い時代にあっては、事業の目的や計画は実際に事業を進めていくうちに、おのずと形成されてくる　　　　　　　　　　　　　　　［ヘンリー・ミンツバーグ、ジェームズ・クイン］
●戦略クラフト

不確実性が高いほど事業のチャンスも大きいため、段階的に投資を始めて、そのチャンスを逃さない手法が成功率を高める　　　　　　　　　　　　　　　　　　　　　［ブルース・コグート］
●リアルオプション

新規事業の成功は、迅速に「構築・計測・学習」の試行錯誤サイクルを回し続け、顧客や商品を順番に変えて、軌道修正を繰り返す　　　　　　　　［スティーブ・ブランク、エリック・リース］
●リーン・スタートアップ、MVP（ミニマム・バイアブル・プロダクト）

出所：各論文

は、第1章のコラムで説明した「ルール」「ケース」「結果」を「事実」としてとらえる、というビジネスの基本に立ち返ってみることです。
「ルール」「ケース」「結果」を「事実」としてとらえ、正しく整理すれば、自分で立てた仮説を検証できるようになり、論理的に解決していくための糸口を見つけられるようになります。

　それは、経営会議の資料を作るときや、新しい企画を提案するときにも活用できます。

　一連の仮説として、「Aという新規事業を展開したいので、まずは試作品を作ってモニタリングをした」というケースと、「すると、Bという結果が出て成功した」という結果、そして、「これは、Cという経営法則に則して得られた成果ではないか」というルールを考えたとしましょう。この仮説を実際に会議などで提案するためには、検証を重ねてその仮説が矛盾なく成立するかどうか、確かめる必要があります。

　このときに役立つのが、CHART 2-10に示した「ルール」「ケース」「結果」の相関関係に基づく3つの思考パターンです。「ルール」「ケース」「結果」をそれぞれ事実として正しく整理できれば、この3つのパターンのいずれかを活用して仮説と検証を繰り返し、課題を解決に導くことが可能になります。

　以下で、3つのパターンについて少し詳しく説明しましょう。

演繹法と帰納法と仮説推定法

　CHARTの左のパターンは、ルールから結果を導き出す演繹法です。これは、「こういうルールがある→このルールをあるケースにあてはめれば→こういう結果が得られる」、という形で進めるやり方です。

　想定した結果が出なかったら、普遍的なルールが正しくないのではないか、と考えることができます。そして考え直したルールのもとで、あらためて仮説と検証を繰り返すことになります。このときもルールとケース、結果をそれぞれ事実として認識することが重要です。

　このように、演繹法の思考パターンは、初めに掲げたルールが本当に正しいのかを検証するツールにもなります。

　中央のパターンは、世の中にある実際のケースから、法則となるようなルールを導き出す帰納法です。簡単な例で言えば、

「A社は顧客の立場に立って動けるような組織づくりをしている」
「A社には迅速に意思決定ができるマネジメントの仕組みがある」
「A社は時代にふさわしい能力を持った人材を育成している」……
　といったケースがあって、「A社は売上げが芳しい優良企業だ」という結果があるとします。そこから、A社の成功法則を考えたとき、
「A社は、トップの価値観や経営理念を全員が理解・共有しつつ、日々の行動で実践しているようだ」
　というルールが見えてくるようになります。
　実は、このA社の例は、トム・ピーターズらによって紹介されたマッキンゼーの「7S」と呼ばれるフレームワークをもとに考えています。戦略や構造、人材や能力など7つの経営資源から組織運営を考える7Sは、組織力を分析するツールとして重宝します。
　これは、「超優良企業の成功は、（ポジショニングのみでなはく）価値観の共有によるマネジメントがもたらす」という経営法則にもなっています。この法則を活用して、A社以外の企業においても仮説と検証を繰り返すことになります。
　右のパターンは、アブダクションと呼ばれるもので、ハッキリと正しいかどうかわからない仮説の論理を使った推論、つまり仮説推定法のことです。どういう経営法則でそれが成り立っているのかわからない、ケースを見てもバラバラすぎて系統立てて考えられない、というときには仮説推定法を活用することができます。
　仮説推定法では、まず結果に着目します。そこから「であれば、こういう法則にあてはまるのではないか」とルールを仮定し、そのルールをいろいろなケースにあてはめてみます。そして、それぞれのケースから、当初想定したような結果が導き出されるのであれば、その仮説は成立することになります。
　たとえば、コンビニエンスストアにおける商品の販売法で考えてみましょう。「Aドリンクの売上げが、ここ1カ月で2倍以上に伸びている」という結果があったとします。そのとき販売する側は、「なぜ、Aドリンクがたくさん売れたのか？」と、売上げが急速に伸びた理由を考えます。すると、売上げが伸びる前と比較して、
「Aドリンクの置き場を客の目線の高さに変えた」
「Aドリンクのパッケージがカラフルなものに変わった」
「Aドリンクを買うと景品がもらえるキャンペーンが始まった」

というように、さまざまな理由が考えられるはずです。その中から、「ドリンクの置き場は目線の高さが最適である」という1つのルールに絞って、これを仮説として検証していくわけです。

「同じ置き場にBドリンクを置いたら、売上げは同じように伸びるのか？」
「プライベートブランドの飲料を置いても結果は同じか？」

などと、ケースが変わっても仮説で立てたルールが正しければ、同様の結果が得られるはずです。

これら3つの思考パターンはいずれを用いても、それまで頭の中でモヤモヤしていた考えやアイデアがスッキリと整理されるだけでなく、説得力を持った論理展開を行えるようになります。まずは「ルール」「ケース」「結果」を事実としてとらえて、きちんと整理をすること。それができているかどうかは、3つの方法のいずれかにあてはめて考えられるかどうかで判断できます。

裏返せば、3つ方法のどれにもあてはめることができなければ、「ルール」「ケース」「結果」を事実として認識できていないと考えるべきでしょう。それでは、会議などでいくら提案しても、説得力のあるロジカルなプレゼンにはな

CHART 2-10

ルール、ケース、結果はそれぞれ「事実」である

演繹法、帰納法、仮説推定法の比較

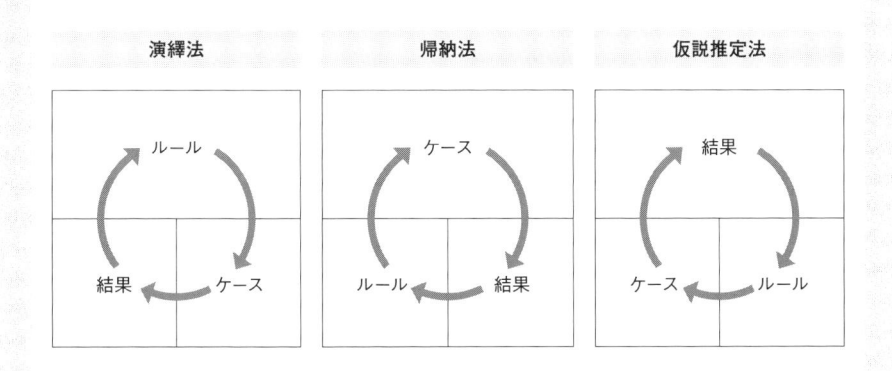

演繹法	帰納法	仮説推定法
ルール → ケース → 結果	ケース → 結果 → ルール	結果 → ルール → ケース

注：出所を参考にして作成
出所：Minto, Barbara. The Pyramid Principle: Logic in Writing and Thinking. Minto International, 1991.

りません。
　「自分が納得できる説明をできていない」「言いたいことが相手にうまく伝わらない」という人は、「ルール」「ケース」「結果」を使った3つのサイクルで物ごとを考えるトレーニングを積むことをおすすめします。

第 3 章

効果的な打開策を導き出すために「分解」する

SECTION 16 コトラーのマーケティング理論で「分解」を実践してみよう

　どんな課題であっても、シンプルな思考法を使って考えるクセが身についていれば、立ち止まることなく前に進めます。その第一歩が、無数の事実(ファクト)のかたまりを1つずつ整理していくことでした。

　成果を出せるビジネスパーソンになるには、「整理した事実から、いかにして課題を解決するか」を考えるだけでは足りません。1つの解決策を見出すと同時に、「ほかのやり方でも課題を解決できないだろうか」と視野を広げて考え、解決策の選択肢を増やして、さまざまな角度から検討して最善の解決策を見つけることを習慣にする必要があります。

　「さんざん考えてこのプランにたどり着いたのだから、これをやり通したい」「せっかくここまでやってきたのに、いまさらほかのプランのことなど考えたくない」という思いが頭をよぎるかもしれません。しかし、視野を広げて考えること、深く掘り下げて考えることを放棄してしまっては、結果として課題解決に遠回りをしたり、間違った方向に進んでしまったりするリスクが大きくなります。

　そうであれば、初めから落ち着いて選択肢を揃え、選ぶべきベストな解決策を選んで進むほうが、近道です。

　そこで、まずは、どのような選択肢があるのかを正しく把握する必要があります。選択肢の候補をあらゆる角度から考えて、実際に挙げてみること――それが本章で説明する「分解」の意義です。

　第3章では、「分解する」とはどういうことか、また、整理した事実をどのように活用して分解するのか、といったことについて具体的に説明していきます。

STPフレームワーク

効果的かつ具体的な"打ち手"を考えるのが分解の目的です。分解とはどういうことで、どのような方法で行うのかをわかりやすく説明し、より実践的に分解のスキルを身につけていただくために、ここでは戦略的マーケティングプロセスを例に取り上げます。

戦略的マーケティングプロセスとは、ビジネスという戦いの構図を決めるプロセスのことです。つまり、どんな戦い方で勝ちにいくのかを決定するための、マーケティングの考え方を言います。

たとえば、マーケティングの大家といわれるフィリップ・コトラーが体系化した「マーケティングの5つのステップ（リサーチ、STP、マーケティング・ミックス、実施、管理）」の中に、「STP」と呼ばれるプロセスがあります。マーケティングの最初のステップであるリサーチで、市場や顧客の情報を収集した後に行うプロセスです。STPでは、自社が有利となるように市場を分

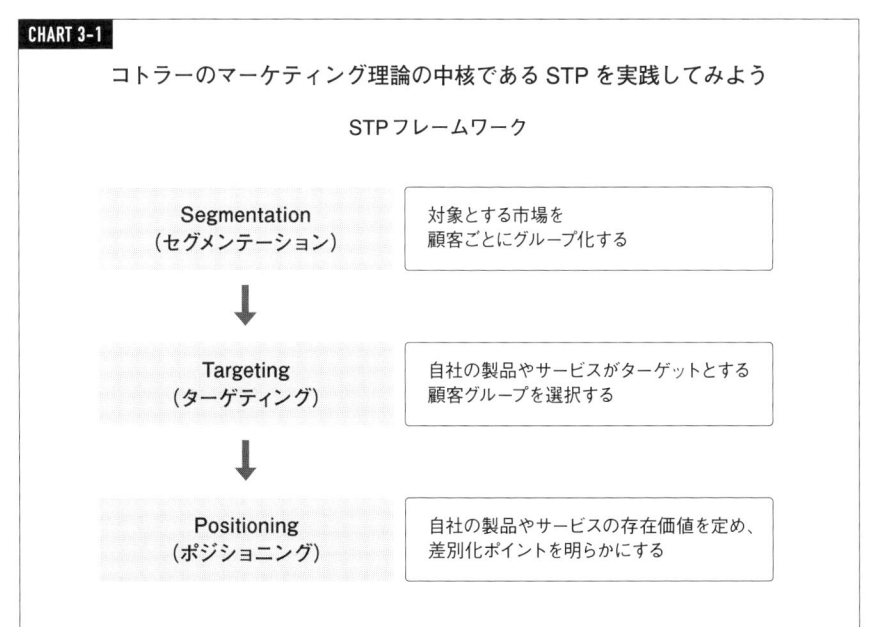

CHART 3-1

コトラーのマーケティング理論の中核であるSTPを実践してみよう

STPフレームワーク

- **Segmentation（セグメンテーション）** — 対象とする市場を顧客ごとにグループ化する
- **Targeting（ターゲティング）** — 自社の製品やサービスがターゲットとする顧客グループを選択する
- **Positioning（ポジショニング）** — 自社の製品やサービスの存在価値を定め、差別化ポイントを明らかにする

出所：Kotler, Philip. "Marketing Management: Analysis, Planning, Implementation and Control." *Journal of Marketing Management* 7 (1991).

割し、対象とする市場を決定し、競合に対してどのように差別化するか、ということを具体的に実践していきます。

シンプルに説明すると、次のことを行います。

1. 対象とする市場を顧客ごとにグループ化する（Segmentation）
2. 自社の製品やサービスがターゲットとする顧客グループを選択する（Targeting）
3. 自社の製品やサービスの存在価値を定め、差別化ポイントを明らかにする（Positioning）

STPはマーケティングの考え方のプロセスですが、「自社のターゲットはここに設定する。だから他社とはここで差別化しよう」という切り口によって、事業の見え方は大きく変わってくるのが特徴です。ユニークで革新的な切り口や軸の取り方をすれば、新しい市場や戦略を発見するきっかけにもなります。

STPというマーケティングの考え方を活用して戦略を立てるプロセスが明確になりました。次に、このSTPのプロセスに基づいて分解の仕方を説明します。

SECTION 17
メイン顧客を特定するために、分解して顧客セグメントをつくる

課題：新規リゾートホテルの開発に携わることになった。
　　　顧客ターゲットの設定や設備のグレード、サービスのレベルや提供するアクティビティの種類などをどのように決めるか？

　ここでは課題として、新しくリゾートホテルを開発するケースを想定してみます。
　まずは、リゾートホテルの宿泊客について、どのような人たちをターゲットにするかを考えます。漠然と「こんなリゾートホテルをつくりたい」という考えがあったうえで、「新しいリゾートホテルにふさわしい客は、どのような人たちだろうか」とイメージをふくらませます。そのイメージを正しく分解することで、顧客像を明確にしていきます。
　ホテルのターゲットとする宿泊客を想定する際に、重要な属性として考えられるのは、「年齢」と「年収」の2つです。宿泊客の年齢層と収入の程度によって、必要となる設備やサービスの内容が変わってくるからです。
　そこで、日本の人口分布に合致するサンプルを対象に、ランダムにアンケート調査を行いました。そして「年齢」と「年収」という2つの属性を軸にして、調査結果をまとめました。**CHART 3-2**がその結果です。

セグメンテーションのやり方

　横軸は「年齢」を表し、アンケートから抽出した1219人のサンプルを、「30代まで」「40代」「50代」「60代以上」に分けて示しています。一方、縦軸は「世帯年収」を表しています。サンプルの世帯収入別に「700万円未

満」「700万円以上」「1000万円以上」「1500万円以上」のどこに所属するかで分けています。

この図から、回答者のうち、年齢が30代以下で、世帯収入が700万円未満のサンプル数は、224であることがわかります。

このように、年齢の横軸と年収の縦軸の組み合わせで16個のセグメントができ、アンケートから抽出した1219のサンプルはモレなくダブリなく、いずれかのセグメントに所属していることがわかります。このようにモレなくダブリなくグループ化するセグメンテーションこそが、「分解」の第一歩となります。

実を言うと、「モレなくダブリなく」というポイントの以前に、「(新しくつくるリゾートホテルの存在が) お客さんにうまく響くようにするためには、どのような切り口が望ましいか?」というセグメンテーションのコツがあります。

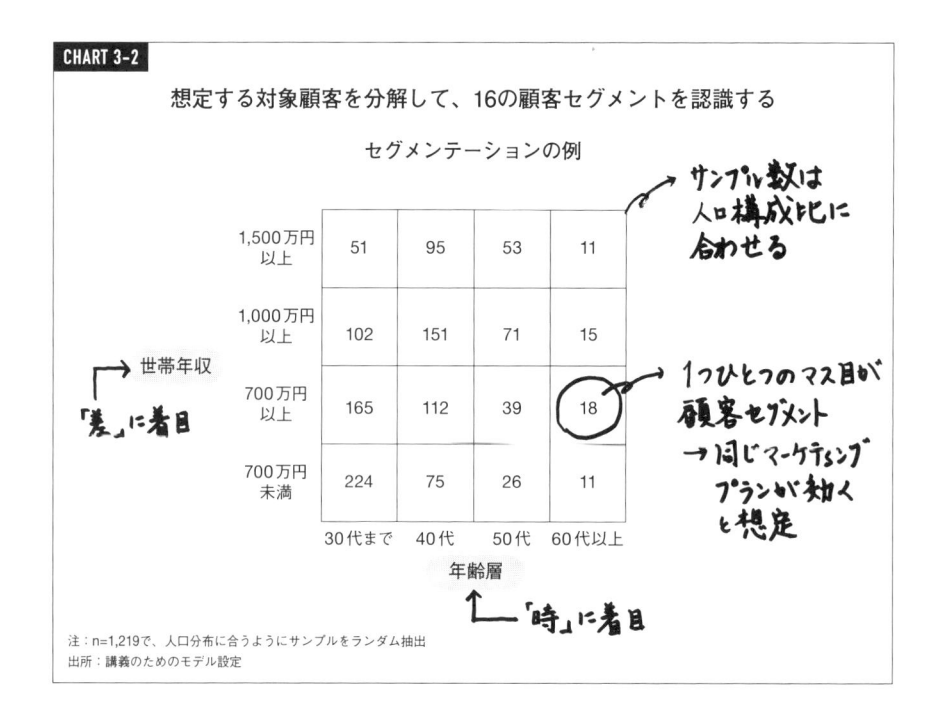

CHART 3-2

想定する対象顧客を分解して、16の顧客セグメントを認識する

セグメンテーションの例

→ サンプル数は人口構成比に合わせる

世帯年収	30代まで	40代	50代	60代以上
1,500万円以上	51	95	53	11
1,000万円以上	102	151	71	15
700万円以上	165	112	39	⑱
700万円未満	224	75	26	11

年齢層

「差」に着目

→ 1つひとつのマス目が顧客セグメント
→ 同じマーケティングプランが効くと想定

↑「時」に着目

注:n=1,219で、人口分布に合うようにサンプルをランダム抽出
出所:講義のためのモデル設定

最終的に年齢と年収を軸に取りましたが、実際には「本当にこの軸の取り方が正解だろうか？」と、途中で何度も何度も慎重に熟慮を重ねます。もしかすると、「700万円よりも500万円のほうがよりフィットするのでは？」「20歳から10歳ごとに区切るべきでは？」といったことから、「年齢や年収よりも、家族構成や居住地域、持ち家の有無で軸を考えたほうがいいのでは？」ということまで、いろいろなアイデアが浮かび、試行錯誤をするものです。

　その結果、今回は自分がターゲットとするお客様に響き、自社が有利になるセグメンテーションを行うには、年齢と年収を軸にして考えるのがベストだろう、となったわけです。

　しかも、人口構成比に合うようにサンプルはランダムに抽出しています。たとえば、30代までで世帯年収が700万円未満のサンプル数は224ですが、このセグメントは人口構成比上約18％（224/1219）に相当することを示しています。このセグメンテーションの例ではこんな配慮がされています。

　さらに、「軸の取り方」にも仕掛けがあります。第2章では、「差、時、類、流といういずれかの切り口で整理ができ、解決すべき課題に合った軸を取ることが重要になる」と述べました。つまり、分解のやり方の重要な要素の1つとして、軸の取り方にも工夫があるのです。ここでも、横軸に取った「年齢層」は「時」、縦軸に取った「世帯年収」は「差」という、セオリーどおりの4つの切り口の中から選んでいます。「分解」が苦手だという人は、軸の取り方を試行錯誤するのもおすすめです。

　さて、年齢と年収で16のグループにセグメンテーションする第一段階の分解が済みましたが、マーケティングが面白くなるのはここからです。

　というのも、16に分けたセグメントのうち、どこが「新しいリゾートホテルにフィットする顧客層か」を決めていく必要があるからです。それがターゲティングです。

　ここで注意すべきは、現段階で単純に数字の大きさだけで判断しないことです。図では年齢、年収ともに、最も人数の多いセグメントは、「30代までで世帯年収700万円以下」の224サンプルです。

　しかし、新しいリゾートホテルのターゲットとなる宿泊客を「30代までで、

年収700万円以下」に設定するのは、常識的に考えても乱暴です。新しくつくろうとしているリゾートホテル側の意向としては、宿泊客は誰がふさわしいのでしょうか。しかも、「自社が有利になる」ようなターゲットはどの顧客層でしょうか。

　次のステップでは、顧客のターゲティングを明確にします。

SECTION 18
個別の顧客セグメントを分析して、ターゲットの設定を行う

「新しいリゾートホテルにフィットする顧客」を探っていくためには、前項で分解した16のセグメントをさらに詳しく分析していく必要があります。

前項では1219人を対象に、年齢と年収で分解して16のグループにセグメンテーションをしました。次の作業は、その16のセグメントの中から「新しいリゾートホテルにフィットする顧客」として、中核ターゲットとサブ・ターゲットを設定していきます。

それには、リゾートホテル側が漠然と抱いている理想のイメージと、宿泊客側のニーズやウォンツが一致することが必須となります。つまり、「こういうリゾートホテルにしたい」と、「こういうリゾートホテルに宿泊したい」が合致してはじめて、ターゲットの設定ができるのです。

ターゲティングの方法

そこで、まずはリゾートホテル側が抱いているイメージに沿って5つの条件を設定し、それに該当するかどうかを同じ1219人にアンケート調査しました。

5つの条件とは、「年間旅行消費額が高額（24万円以上）であること」「良いリゾートホテルに宿泊したいという意向が強いこと」「従業員のサービスの品質をとても重視していること」「アクティビティ（そこでしか体験できないスポーツやカルチャーのプログラムなど）を利用する傾向が高いこと」「日本的な上質なおもてなしを希求していること」です。

これらの5つの条件を満たしている人がどれだけいるのかを調べます。ここでわかるのは、リゾートホテルがイメージする宿泊客が、実際にどこのセ

グメントに、どのくらいの数がいるのかということです。

CHART 3-3がその結果です。16のマス目に書いてあるパーセントは、そこに属している人数のうち、5つの条件を満たす人がどのくらいいるのかを比率で表したものです。比率が高いほど、新しいリゾートホテルにフィットする宿泊客が多く含まれることになります。

たとえば、16のセグメントで最もサンプル数が多かったのは、「30代までで世帯年収700万円以下」でした。このセグメントには224のサンプルがありますが、5つの条件を満たすのはたったの27サンプルです。比率で見ても、わずか12%しかリゾートホテルのイメージにふさわしい宿泊客がいないことがわかります。

では、5つの条件を満たしている人が多いのは、どのグループか探しましょう。すると、95人中42人が条件を満たしている「40代で世帯年収1500万円以上」のグループが、それに該当することがわかります。つまり、このグループこそが、新しいリゾートホテルのターゲット顧客の中核となる

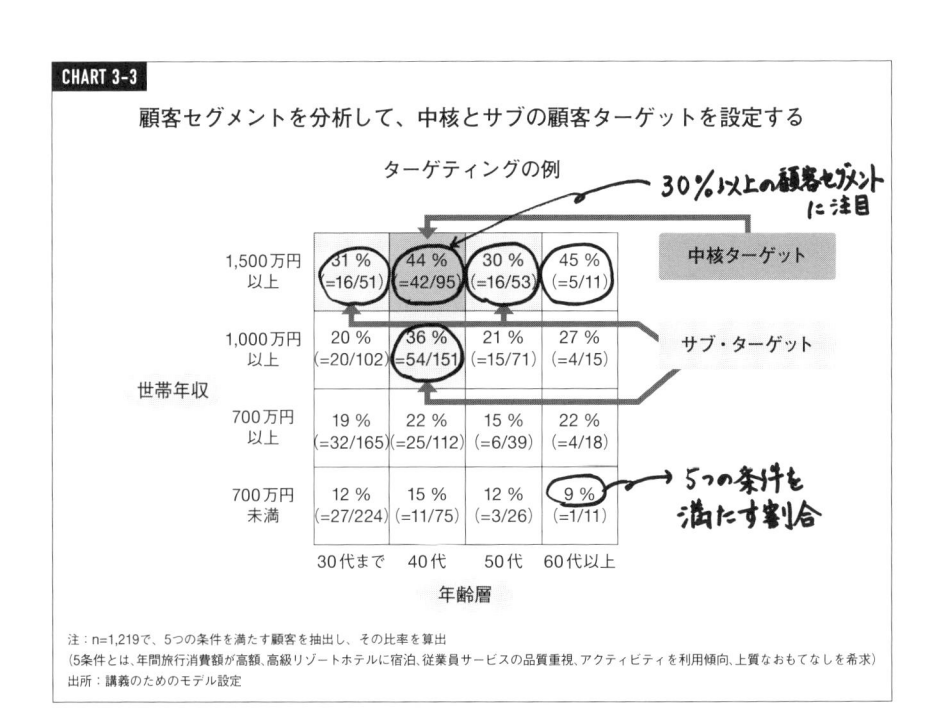

CHART 3-3

顧客セグメントを分析して、中核とサブの顧客ターゲットを設定する

ターゲティングの例

→ 30%以上の顧客セグメントに注目

世帯年収	30代まで	40代	50代	60代以上
1,500万円以上	31% (=16/51)	44% (=42/95)	30% (=16/53)	45% (=5/11)
1,000万円以上	20% (=20/102)	36% (=54/151)	21% (=15/71)	27% (=4/15)
700万円以上	19% (=32/165)	22% (=25/112)	15% (=6/39)	22% (=4/18)
700万円未満	12% (=27/224)	15% (=11/75)	12% (=3/26)	9% (=1/11)

年齢層

中核ターゲット（1,500万円以上 × 40代：44%）
サブ・ターゲット（1,000万円以上 × 40代：36%）
→ 5つの条件を満たす割合（9%）

注：n=1,219で、5つの条件を満たす顧客を抽出し、その比率を算出
(5条件とは、年間旅行消費額が高額、高級リゾートホテルに宿泊、従業員サービスの品質重視、アクティビティを利用傾向、上質なおもてなしを希求)
出所：講義のためのモデル設定

ことがわかるのです。

　この中核ターゲットの次に条件を満たす人数が多いのは、「40代で世帯年収1000万円以上」「30代までで世帯年収1500万円以上」「50代で世帯年収1500万円以上」などのセグメントであることもわかり、これらをサブ・ターゲットとして設定できます。

　このように、分解したものをさらに分析していくことで、正しいターゲティングを行えるのです。

　ちなみに、「60代以上で世帯年収1500万円」のセグメントも、5つの条件を満たしている割合が45%と多いのですが、人口構成比は1%未満（11/1219）にすぎません。これでは、中核ターゲットとするには少なすぎるでしょう。マーケットとしてある程度のボリュームを見込めるかどうかを判断することも、ターゲティングにおいては非常に重要なことです。

SECTION 19 世界中のリゾート通をうならせるような ポジショニングを定める

　年齢と年収によるセグメンテーションによって16のセグメントを認識し、その中から「40代で世帯年収1500万円以上」という中核ターゲットを設定しました。次に行うのはSTPの「P」にあたる部分、つまりポジショニングです。

ポジショニングはコンセプトづくりと同義

　中核ターゲットに定めた「40代で世帯年収1500万円以上」の人たちに提供するリゾートホテルが、どうあるべきかを決めるのがポジショニングです。いわゆる「コンセプトづくり」もポジショニングと同義でしょう。
　今回は、ゴールを「世界中のリゾート通をうならせるような、リピートしたい滞在先を目指す」とします。次に、そのゴールに向けて、中核ターゲットの利用を想定しながら、リゾートホテルに必要な「ハード」「ソフト」「コンテンツ」という3つの側面から考えていきます。
　ちなみに、どういう経緯で「ハード」「ソフト」「コンテンツ」という3つ切り口で分解したのか。それは、はじめにリゾートホテルの構成要素は何か、という事実を整理した際、「類」の視点に着目して「ハード」「ソフト」「コンテンツ」の3つを選んだ、といういきさつがあります。
　ハードについては、「グローバルで5つ星クラスのレベルにしよう」と決めることにします。世界の基準では6つ星から星のないものまで、ホテルには幅広いランクがあります。そのうち「一流」と言われているホテルは、4つ星以上がほとんどです。そこで、新しくつくるホテルは、〈アマン〉や〈マンダリン〉といった6つ星ホテルのレベルには及ばないものの、〈フォー

シーズンズ〉や〈ラッフルズ〉などの5つ星ホテルのレベルは狙いたい。客室単価も5ツ星ホテルと同じくらいにしよう、という具合にポジショニングを決めていきます。

ソフトの部分では、「海外の"うるさ型"の旅行者にも通用するような、日本流のサービスを取り入れる」と決めます。日本流のサービスとは、「五感に訴える滞在体験」「探求心をくすぐる提案」「パーソナルで繊細な心配り」といったものです。

世界でもトップクラスのサービスで知られる〈ザ・リッツ・カールトン〉の「サービス・バリューズ」というクレド（理念）にあるような、「私は、お客様の願望やニーズには、言葉にされるものも、されないものも、常におこたえします」といったサービスに、日本流のおもてなしの文化の要素をプラスして独自の強みを出す、というポジショニングです。

コンテンツでは、「宿泊客でしか味わうことができない、本格的なプログラムを作る」ことにします。たとえばゴルフのプログラムも、ただプレーを

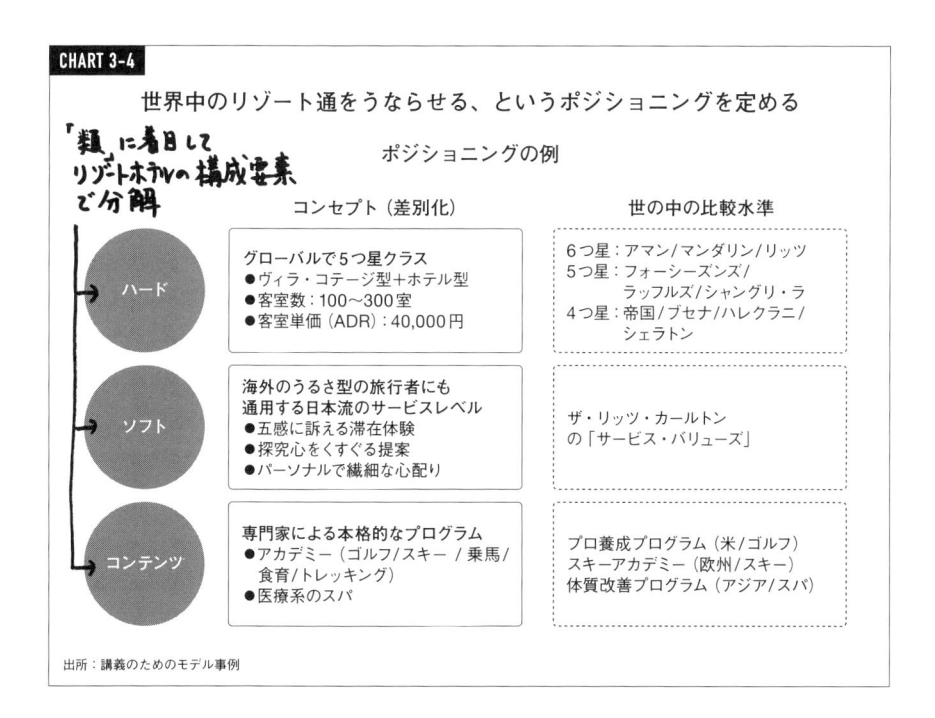

CHART 3-4

世界中のリゾート通をうならせる、というポジショニングを定める

「類」に着目して
リゾートホテルの構成要素
で分解

ポジショニングの例

	コンセプト（差別化）	世の中の比較水準
ハード	グローバルで5つ星クラス ●ヴィラ・コテージ型＋ホテル型 ●客室数：100～300室 ●客室単価（ADR）：40,000円	6つ星：アマン／マンダリン／リッツ 5つ星：フォーシーズンズ／ 　　　　ラッフルズ／シャングリ・ラ 4つ星：帝国／ブセナ／ハレクラニ／ 　　　　シェラトン
ソフト	海外のうるさ型の旅行者にも 通用する日本流のサービスレベル ●五感に訴える滞在体験 ●探究心をくすぐる提案 ●パーソナルで繊細な心配り	ザ・リッツ・カールトン の「サービス・バリューズ」
コンテンツ	専門家による本格的なプログラム ●アカデミー（ゴルフ／スキー／乗馬／ 　食育／トレッキング） ●医療系のスパ	プロ養成プログラム（米／ゴルフ） スキーアカデミー（欧州／スキー） 体質改善プログラム（アジア／スパ）

出所：講義のためのモデル事例

楽しむものではなく、プロの指導のもとにスコア保証型のレッスンを用意します。スパのプログラムもリラクゼーションだけでなく、専属の栄養士が食事の指導から体質改善までアドバイスするプログラムに、という具合です。これも、世界のトップクラスのリゾート施設にあるようなコンテンツを参考にしつつ、自分たちならではの強みになるような要素を考えてポジショニングをしていきます。

　ちなみに、ハードの部分では建物の設備面についてのみポジショニングを行いましたが、リゾートホテルのハード面においては、パノラミックに広がる光景を演出する「立地」という観点も、満足度の高いポジショニングには必要です。日常を離れてリゾートホテルを訪れた顧客が到着してまず目にする景色が、フロントの前が抜けていて一面に紺碧の海が広がっている光景だとしたら、それはリゾートホテルとして最高の強みになるからです。

　同じことがソフトやコンテンツの例にも言えます。こういったことを多面的に考えながら、ポジショニングを行っていきます。

SECTION 20
顧客ターゲットのニーズから滞在パッケージを設計する

　ここまで、STPのフレームワークを使って分解の仕方を説明してきましたが、宿泊客のニーズという側面からも分解することができます。
　ここでは、顧客が求めるパッケージを設計するために「需要分析」を行います。
　まず、先ほどのアンケート調査の対象者に、リゾートホテルに泊まるときの「宿泊日数」と「1泊当たりの滞在費」を質問しました。このときも前回同様、「年間旅行消費額が高額（24万円以上）であること」「良いリゾートホテルに宿泊したいという意向が高いこと」「従業員のサービスの品質をとても重視していること」「アクティビティ（そこでしか体験できないスポーツやカルチャーのプログラムなど）を利用する傾向が高いこと」「日本的な上質なおもてなしを希求していること」という5つの条件を満たしている人を対象にしています。
　その結果をまとめたのが **CHART 3-5** です。ここに表しているように、メインの宿泊客となる中核ターゲットと2つのサブ・ターゲット、最も人数が多いボリューム・ゾーンと滞在日数の長いシニア、という5つのセグメントを分析してみました。

需要分析の進め方

　宿泊客全体を、宿泊日数と1泊当たりの滞在費で分解した結果をまとめると、次のようになります。

中核ターゲットについて（40代／世帯年収1500万円以上）
・平均宿泊日数が4.4日、1泊当たりの滞在費は4万1000円。総滞在費は約18万円。
・中核ターゲットは全体の18%を占める。

サブ・ターゲットについて（A：50代／世帯年収1500万円以上　B：30代／世帯年収1500万円以上）
・Aは、平均宿泊日数が3.5日、1泊当たりの滞在費は5万円、総滞在費は約17万円。
・Bは、平均宿泊日数が3.5日、1泊当たりの滞在費は4万円、総滞在費は約15万円。
・サブ・ターゲットは、どちらも全体の7%を占める。

ボリューム・ゾーンについて（30〜50代／世帯年収700〜1500万円）
・平均宿泊日数が3.7日、1泊当たりの滞在費は3万2000円、総滞在費は約14万円。
・ボリューム・ゾーンは全体の65%を占める。

シニアについて（60代／世帯年収700万円以上）
・平均宿泊日数が5泊、1泊当たりの滞在費は3万円、総滞在費は約16万円。
・シニアは全体の3%を占める。

　最も重要な戦略は、中核ターゲットである「40代で世帯年収1500万円以上」の18%の人たちに訴求するリゾートホテルづくりを目指す、という点です。この層にいかに魅力的なハードとソフトとコンテンツを作れるかが、今回のリゾートホテルづくりの命題になるわけです。
　需要分析により鮮明に見えてくることがあります。たとえば、ボリューム・ゾーンとシニアに対してのアプローチも視野に入れなくてはいけない、ということです。
　ビジネスとして、最も人数の多いボリューム・ゾーンに対しては、「あこ

がれマーケティング」で取り逃がしを防ぎます。「あこがれマーケティング」とは、「あのリゾートホテルに泊まるには、普段の生活で節約を心がけなければならない。でも、少しくらい無理してでも泊まってみたい」と顧客があこがれるようなコンテンツの立ち位置で設定することです。

たとえば、部屋のグレードにグラデーションをつける案も考えられます。手が届かないようなゴージャスな部屋ばかりではなく、少しグレードを落としてリーズナブルな料金で泊まれる部屋を用意するのです。「あのリゾートホテルに泊まれるなら、少々グレードの低い部屋でもかまわない」と思う人が大勢いれば、ビジネスは成り立つからです。

シニアに対しても同様のことが言えます。シニアの場合は、1泊当たりの滞在費が3万円なので、それほど「お金を落としてくれる顧客」には思えません。しかし、ポイントとなるのは5日という滞在日数で、総滞在費が16万円以上もあるという点です。1泊にかけるお金は少なくても、1回当たりの滞在日数が長いので、結果的に総滞在費が高くなるのです。したがって、

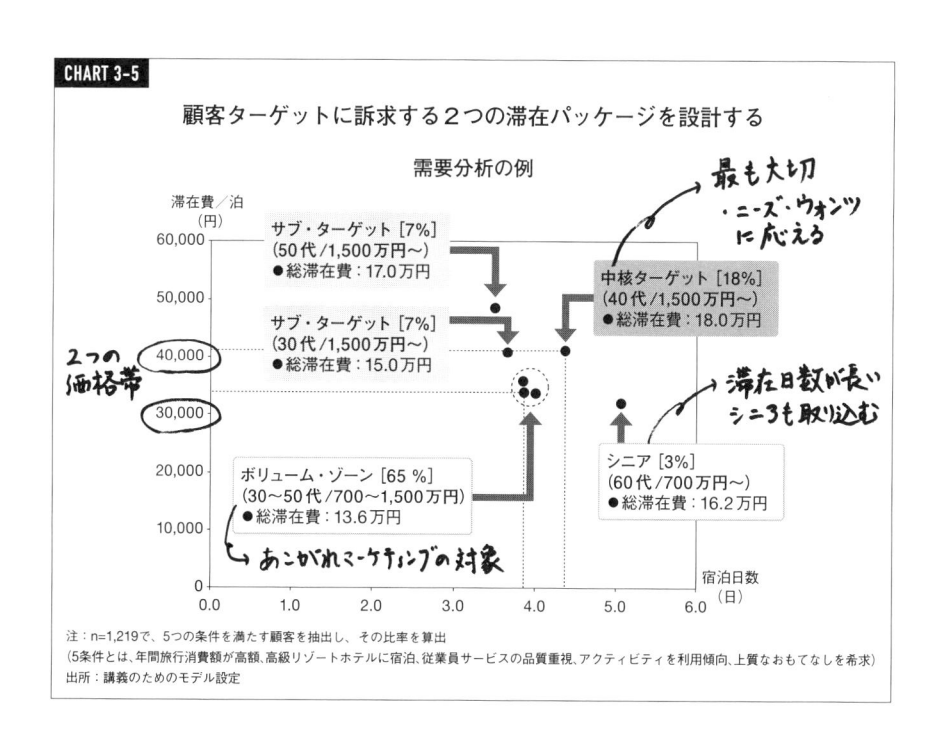

CHART 3-5

顧客ターゲットに訴求する2つの滞在パッケージを設計する

需要分析の例

滞在費／泊（円）

- サブ・ターゲット [7%]（50代／1,500万円～）●総滞在費：17.0万円
- サブ・ターゲット [7%]（30代／1,500万円～）●総滞在費：15.0万円
- 中核ターゲット [18%]（40代／1,500万円～）●総滞在費：18.0万円 ← 最も大切・ニーズ・ウォンツに応える
- ボリューム・ゾーン [65%]（30～50代／700～1,500万円）●総滞在費：13.6万円 ← あこがれマーケティングの対象
- シニア [3%]（60代／700万円～）●総滞在費：16.2万円 ← 滞在日数が長いシニアも取り込む

2つの価格帯：40,000／30,000

宿泊日数（日）

注：n=1,219で、5つの条件を満たす顧客を抽出し、その比率を算出
（5条件とは、年間旅行消費額が高額、高級リゾートホテルに宿泊、従業員サービスの品質重視、アクティビティを利用傾向、上質なおもてなしを希求）
出所：講義のためのモデル設定

シニア層向けにリーズナブルに泊まれる部屋を用意することも、効果的と言えます。

このように、それぞれのセグメントに対して具体的なアプローチを考える上での準備作業として、分解は役立つのです。

結論として、リゾートホテルに求められている滞在パッケージとしては、2つの価格帯のものを考える必要があることが、分解によって見えてきます。

1つは、比較的豊かな人たちである中核ターゲットとサブ・ターゲットを対象にした、1泊4万円台の部屋。もうひとつは、ボリューム・ゾーンとシニアを対象にした1泊3万円台の部屋。これらを、3対7の割合で作ることができれば、理論上は完璧なリゾートホテルができるでしょう。具体的には、プール付きのヴィラや水上コテージのあるスイートルームを3割、別棟のシンプルな部屋を7割作る、といったことが考えられるはずです。

分解を行うことで具体的な施策のアイデアまで思いつくという例です。

SECTION 21
滞在パッケージの中身は、宿泊費より飲食費とサービス費の比重が大きい

　分解には、ほかにもさまざまな切り口があります。たとえば、算数的な方法で分解するという、シンプルなやり方もあります。
　たとえば、リゾートホテルに泊まる場合にかかる滞在費の総額を分解する場合を考えてみましょう。

算数的な分解の例

　そもそも滞在費総額とは、1泊当たりの支出に宿泊日数を掛け合わせたものです。算数的に式で表すとこうなります。

滞在費総額（万円）＝ 1 泊当たりの支出（万円）×宿泊数（日）

　これは、滞在費総額を算数的な方法で分解したことになります。
　次に、1泊当たりの支出の内訳を考えてみます。すると、宿泊費だけでなく、飲食費やその他のサービス費もかかっていることがわかります。たとえば、総滞在費が18万円である中核ターゲットのケースで見てみましょう。
　1日の滞在に伴う支出として考えられるのは、まず宿泊費の1万9000円。飲食等でホテル内のレストランやカフェを利用するので、飲食費に1万3000円。昼はシュノーケリングやダイビングのツアーに行き、夜はスパのサービスを受けるので、その他のサービス費に9000円、といったところでしょうか。つまり1日当たりの支出は、宿泊費と飲食費、その他のサービス費の合計ということになります。

1泊当たりの支出＝宿泊費＋飲食費＋その他サービス費

これを滞在費総額の式で表すと、こうなります。

滞在費総額＝1泊当たりの支出（宿泊費＋飲食費＋その他サービス費）×宿泊数

これを表したのが **CHART 3-6** です。このよう分解してみると、中核ターゲットの人たちの消費行動がたちどころに見えてくるのも、興味深いところです。宿泊費1.9万円、飲食費1.3万円、その他のサービス費0.9万円の合計は4.1万円。1日当たりの滞在費4.1万円に、平均滞在日数4.4日を掛けると、滞在費総額の約18万円になります。

この分解から得た結果を、リゾートホテルの滞在パッケージにどう反映するか。たとえば、次のような見方もできるでしょう。

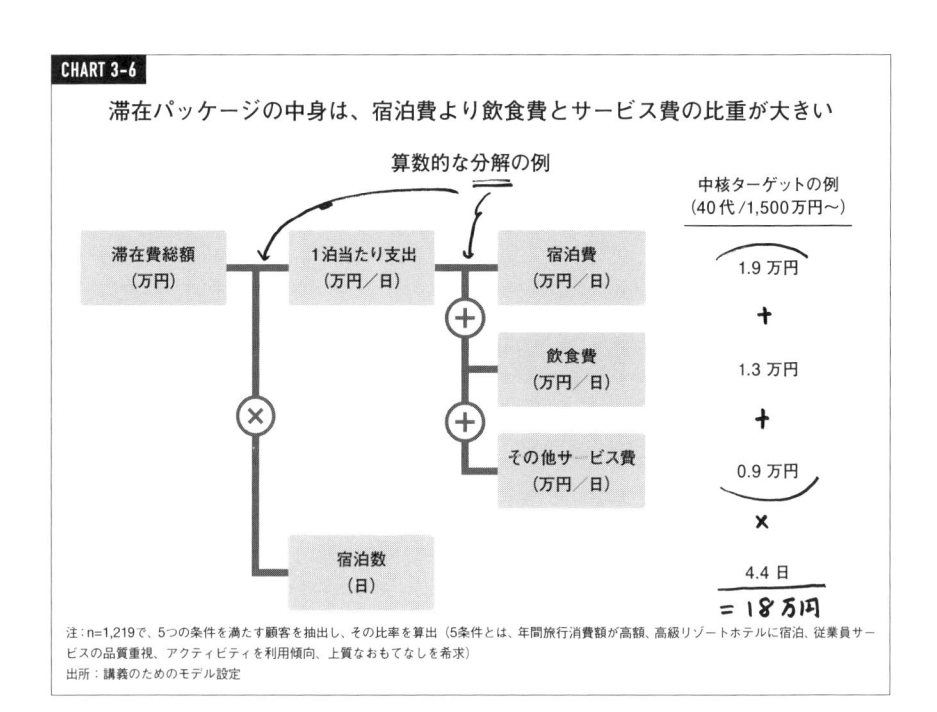

CHART 3-6

滞在パッケージの中身は、宿泊費より飲食費とサービス費の比重が大きい

算数的な分解の例

中核ターゲットの例
（40代／1,500万円～）

滞在費総額（万円）　×　1泊当たり支出（万円／日）　＝　宿泊費（万円／日）　＋　飲食費（万円／日）　＋　その他サービス費（万円／日）

宿泊数（日）

1.9万円
＋
1.3万円
＋
0.9万円
×
4.4日
＝18万円

注：n=1,219で、5つの条件を満たす顧客を抽出し、その比率を算出（5条件とは、年間旅行消費額が高額、高級リゾートホテルに宿泊、従業員サービスの品質重視、アクティビティを利用傾向、上質なおもてなしを希求）
出所：講義のためのモデル設定

・顧客は、宿泊費以外にもお金を使っている。1日当たりの宿泊費以外の支出は、飲食費1.3万円＋その他サービス費0.9万円で、合計2.2万円となり、実は1泊の宿泊費より多額。
・仮に素泊まりだけなら、宿泊費1.9万円×4.4日で、滞在費総額は約8万円にしかならない。

　このことから、このリゾートホテルでは、中核ターゲットに訴求するとき、施設内の飲食店やアクティビティなどのサービスの充実に力を注ぐ必要がある、ということがわかるようになります。

　算数的な分解の方法はきわめてシンプルですが、突き詰めて考えると見えてくる事実が必ずあります。それをしっかり読み取って、目の前の仕事につなげていくことが重要になります。

COLUMN

経営学のフレームワークには
分解のヒントが満載されている

　目の前の仕事に役立てるべく分解を試みようと思っても、どこからどう手を着ければよいかわからない、という人もいるでしょう。そんなときに役立つのが経営学のさまざまなフレームワークです。次に紹介するフレームワークは、分解の例でもあります。

　フレームワークは、知識としては理解できても、実践ではなかなか役に立ちにくいと思うかもしれませんが、分解の視点で見ると、考えるきっかけとして有効になるものです。

　分解に慣れていない人や、フレームワークの使い方がよくわからないという人は、ぜひ分解を意識しながらフレームワークを使ってみてください。

　モレなくダブリなく分解するときの考え方の指針として、フレームワークを活用すれば、正しく、速く、分解するヒントが得られるはずです。早速、身近な課題から分解してみてください。

マクロな外部環境を大づかみしたいとき　→「PEST分析」

　政治的要因（Politics）、経済的要因（Economics）、社会的要因（Society）、技術的要因（Technology）という4つの観点で分解すると、事業を取り巻く外部環境を理解することができる。

業界の儲かりやすさを調べたいとき　→「ファイブフォース分析」

　「業界内の競合他社の状況」「新規参入者があるか」「代替品やサービスがあるか」「売り手の交渉力」「買い手の交渉力」という業界に働く力を5つに分解して考えることで、その業界が自社にとってどの程度有利なのかを調べられる。

CHART 3-7

経営学のフレームワークには分解のヒントが満載されている (1/5)

マクロな外部環境を大づかみしたいとき

PEST分析

Politics	政治的要因	政権交代、法規制の改正、外交問題など
Economics	経済的要因	景気動向、物価変動、GDP成長率など
Society	社会的要因	人口動態、世論・流行、教育制度など
Technology	技術的要因	新技術の普及、特許など

業界の儲かりやすさを調べたいとき

ファイブフォース分析

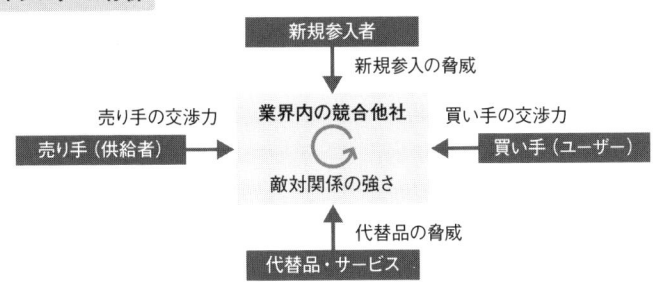

新規参入者 →(新規参入の脅威)→ 業界内の競合他社（敵対関係の強さ）

売り手（供給者） —(売り手の交渉力)→ 業界内の競合他社 ←(買い手の交渉力)— 買い手（ユーザー）

代替品・サービス →(代替品の脅威)→ 業界内の競合他社

事業を取り巻く状況を把握したいとき①

3C分析

- 市場 **Customer**: 規模、成長性、ニーズ、購買行動、構造変化など
- 自社 **Company**: シェア、ブランドイメージ、技術力、販売力、経営資源など
- 競合 **Competitor**: 寡占度、参入難易度、価格競争、強さ/弱さ、競争相手など

事業を取り巻く状況を把握したいとき②

SWOT分析

	プラス要因	マイナス要因
内部環境	強み **Strengths**	弱み **Weaknesses**
外部環境	機会 **Opportunities**	脅威 **Threats**

CHART 3-8

経営学のフレームワークには分解のヒントが満載されている (2/5)

企業と事業の全体像を把握したいとき①

PPM分析

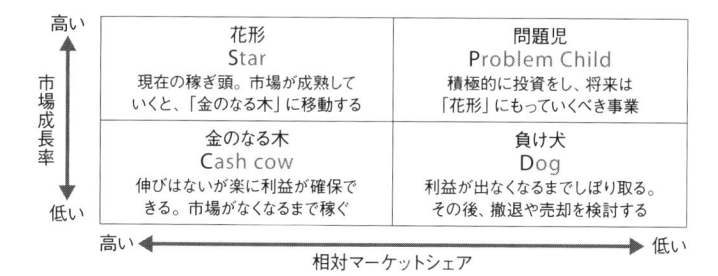

	相対マーケットシェア 高い ← → 低い
市場成長率 高い	**花形 Star** 現在の稼ぎ頭。市場が成熟していくと、「金のなる木」に移動する / **問題児 Problem Child** 積極的に投資をし、将来は「花形」にもっていくべき事業
市場成長率 低い	**金のなる木 Cash cow** 伸びはないが楽に利益が確保できる。市場がなくなるまで稼ぐ / **負け犬 Dog** 利益が出なくなるまでしぼり取る。その後、撤退や売却を検討する

企業と事業の全体像を把握したいとき②

バリューチェーン分析

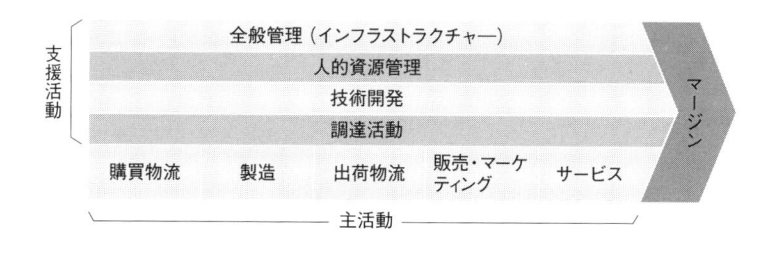

支援活動:
- 全般管理(インフラストラクチャー)
- 人的資源管理
- 技術開発
- 調達活動

主活動:
- 購買物流
- 製造
- 出荷物流
- 販売・マーケティング
- サービス

→ マージン

企業と事業の全体像を把握したいとき③

7S分析

- Strategy 戦略
- Structure 組織
- System 制度
- Shared Value 価値観
- Skill 能力
- Staff 人材
- Style スタイル

CHART 3-9

経営学のフレームワークには分解のヒントが満載されている (3/5)

事業の方向性を判断したいとき①

アンゾフのマトリックス

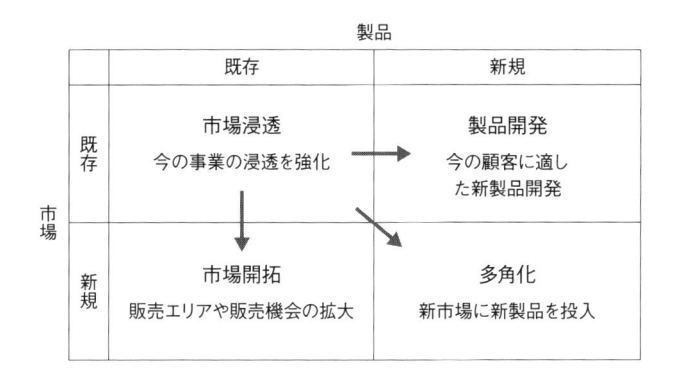

製品

	既存	新規
既存（市場）	市場浸透 今の事業の浸透を強化	製品開発 今の顧客に適した新製品開発
新規	市場開拓 販売エリアや販売機会の拡大	多角化 新市場に新製品を投入

事業の方向性を判断したいとき②

アドバンテージ・マトリックス

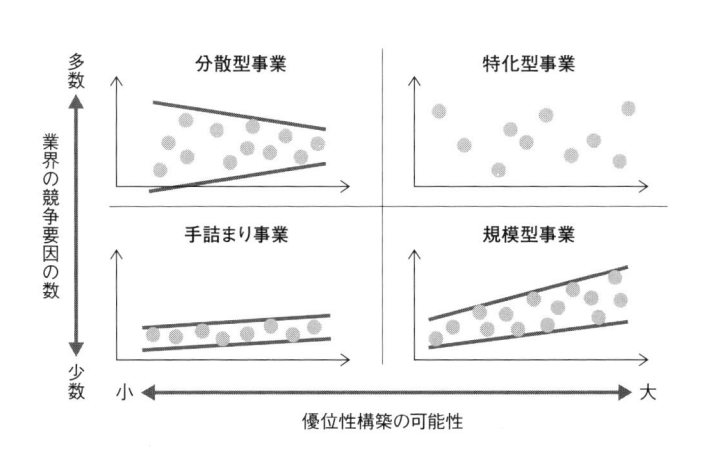

縦軸：業界の競争要因の数（多数／少数）
横軸：優位性構築の可能性（小／大）

- 左上：分散型事業
- 右上：特化型事業
- 左下：手詰まり事業
- 右下：規模型事業

効果的な打開策を導き出すために「分解」する ｜ 第3章

CHART 3-10
経営学のフレームワークには分解のヒントが満載されている（4/5）

マーケティング戦略を決めたいとき

STP理論

セグメンテーション Segmentation	→	ターゲティング Targeting	→	ポジショニング Positioning
市場を顧客のニーズごとにグループ化する		自社の強みなどを考慮したうえで、有望なターゲット顧客（グループ）を選択する		絞り込んだ顧客に応じた製品やサービスの位置づけ（差別化ポイント）を検討

売り方を検討したいとき

4P分析

製品 Product	価格 Price
種類、品質、デザイン、特徴、ブランド、パッケージ、サイズ、サービス、保証、返品など	希望価格、値引き、割引、優待条件、支払い方法、支払い期限、取引条件など
流通 Place	販促 Promotion
流通チャネル、販路、物流、通販、立地、在庫、配送、棚、小売りなど	販売促進、広告宣伝、広報、セールスプロモーション、営業、販売管理など

売り方を切り替えたいとき

PLC分析

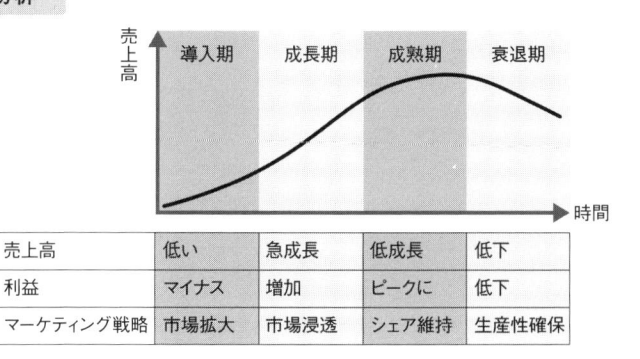

（売上高のグラフ：導入期／成長期／成熟期／衰退期　横軸＝時間）

	導入期	成長期	成熟期	衰退期
売上高	低い	急成長	低成長	低下
利益	マイナス	増加	ピークに	低下
マーケティング戦略	市場拡大	市場浸透	シェア維持	生産性確保

CHART 3-11

経営学のフレームワークには分解のヒントが満載されている（5/5）

業績改善プランを実行したいとき　**PDCA**

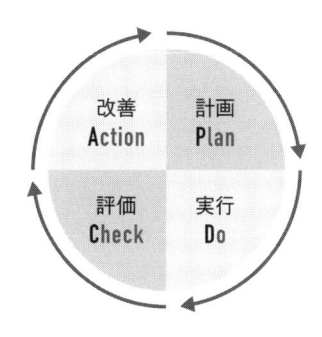

- 改善 Action
- 計画 Plan
- 評価 Check
- 実行 Do

Plan	計画	目標を設定して、それを実現するためのプロセスを設計（改訂）する
Do	実行	計画を実施する
Check	評価	パフォーマンスを測定・評価し、目標と比較するなど分析を行う
Action	改善	プロセスの継続的改善や工場に必要な措置を実施する

人材のタイプを知りたいとき　**PM理論**

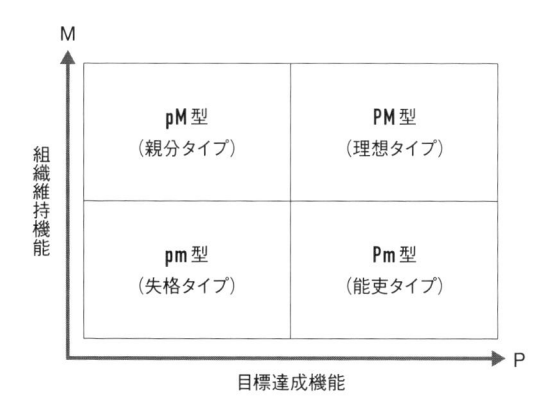

縦軸：組織維持機能（M）
横軸：目標達成機能（P）

- pM型（親分タイプ）
- PM型（理想タイプ）
- pm型（失格タイプ）
- Pm型（能吏タイプ）

事業を取り巻く状況を把握したいとき①　→「3C分析」

　自社の事業環境を経営に重要な利害関係のある、市場（Customer）、競合（Competitor）、自社（Company）という3つの立場に分解して分析すると、バランスのとれた経営戦略を考えられる。

事業を取り巻く状況を把握したいとき②　→「SWOT分析」

　競争上の強み（Strengths）、弱み（Weaknesses）、市場における機会（Opportunities）、脅威（Threats）という4つの観点から検討すると、自社にとって適切な事業機会を見つけ出すことができる。

企業と事業の全体像を把握したいとき①　→「PPM分析」

　縦軸を市場成長率、横軸を相対マーケットシェアにし、それぞれの高低で「金のなる木」「花形」「問題児」「負け犬」に分解すると、事業の収益性や資源投入の優先度などが明確にわかる。

企業と事業の全体像を把握したいとき②　→「バリューチューン分析」

　事業活動を「主活動」「支援活動」に分解して、さらに主活動は購買物流、製造、出荷物流、販売・マーケティング、サービス、支援活動は全般管理、人的資源管理、技術開発、調達活動に分解する。それぞれの活動が生み出す価値やコストを分析すると、各活動がどのように企業に貢献しているかがわかる。

企業と事業の全体像を把握したいとき③　→「7S分析」

　企業の組織的な強みを、3つのハードな経営資源と4つのソフトな経営資源の7項目に分解すると、その企業にふさわしい事業戦略や組織運営を考えることができる。

事業の方向性を判断したいとき①　→「アンゾフのマトリックス」

　市場（顧客）と製品（事業や技術、サービス）、既存と新規という２×２の組み合わせで分解することで、事業を成長させていくための戦略を考えることができる。

事業の方向性を判断したいとき②　→「アドバンテージ・マトリックス」

　縦軸に業界の競争要因の数を、横軸に優位性構築の可能性を取り、その多少、大小の違いで「特化型事業」「分散型事業」「規模型事業」「手詰まり事業」という４つに分解すると、事業の方向性に示唆がえられる。

マーケティング戦略を決めたいとき　→「STP」

　対象とする市場を顧客ごとにグループ化する（Segmentation）、自社の製品やサービスがターゲットとする顧客グループを選択する（Targeting）、自社の製品やサービスの存在価値を定め、差別化ポイントを明らかにする（Positioning）という３つのプロセスに分解すると、とるべきマーケティング戦略が見えてくる。

売り方を検討したいとき　→「4P分析」

　マーケティングを進める際に、製品（Product）、価格（Price）、販促（Promotion）、流通（Place）の４つに分解して考え、売れる仕組みを組み立てていく。

売り方を切り替えたいとき　→「PLC分析」

　市場が登場してから姿を消すまでのライフサイクルを、「導入期」「成長期」「成熟期」「衰退期」という４つの時間軸に分解することで、タイムリーな売り方を考えることができる。

業績改善プランを実行したいとき　→「PDCA」

　仕事を計画（Plan）、実行（Do）、評価（Check）、改善（Action）の、連続する4つのステージに分解し、このサイクルで仕事のやり方を継続的に改善していく。

人材のタイプを知りたいとき　→「PM理論」

　人材のタイプを、目標達成機能（Performance）と組織維持機能（Maintenance）という2つの軸で4つに分解すると、「理想タイプ」「能吏タイプ」「親分タイプ」「失格タイプ」などのタイプ別に効果的な人材マネジメントを行える。

第4章

メッセージを明確にするために「比較」する

SECTION
22 グラフ化の目的は「比較」にある

　「比較」とは、同じ粒度の事実(ファクト)のかたまりを並べて比べ、そのギャップからメッセージを導き出すことです。事実の量的な比較を行うときは、グラフを利用するとわかりやすくなります。ですから、「グラフ化とは比較することである」と言ってもいいでしょう。
　比較の目的は、比べるもの同士の間にひそんでいるメッセージを読み取ることです。たとえば、A社の現在の売上高が600億円で、10年後の売上高の目標が900億円だとします。この2つの売上高を比べたとき、そこには300億円のギャップがあります。そのギャップから考えるべきは、足りない300億円をどう埋めていくかということです。そこから、「新事業を立ち上げる」「停滞事業を見直す」など、何らかの施策や戦略を提案・実践していく必要があることがわかるでしょう。
　このように比較では、事実同士を比べることで気がつくギャップから、どんな打ち手を考え出せるかが重要になります。
　まずは、どのように事実同士を比較していくのか、また、比較により見つけたギャップから、何をどんなふうに読み取るのか、ということを説明しましょう。
　比較の第一歩であり、押さえておきたい基本事項に「グラフ」があります。比較した結果を視覚的にわかりやすく表現したものがグラフです。したがって、「**グラフを見ることは、物ごとのギャップに気づくことと同じである**」ということです。こんなふうにグラフの役割を意識しておくと、資料作成においてグラフを使う意味が明確になり、相手にもこちらの意図が伝わりやすくなります。

A社の業績推移と経営計画を表すグラフ

課題：A社は過去10年間、順調に成長してきた会社である。さらに、今後10年間も売上げが継続的に伸びるよう、長期的な経営計画づくりを依頼された。さて、どのような打ち手が考えられるだろうか。

ここではA社の経営計画づくりを事例として、比較の仕方について説明しましょう。

まず、**CHART 4-1** のグラフを見てください。これは、A社の業績を2005年、2015年、2025年という時間軸で区切り、それぞれ数値でとらえたものです。いまから10年前と現在の売上高と営業利益率、そして10年後のそれぞれの目標値をグラフ化してあります。

これを見ると、10年前には売上高300億円、営業利益率1.7%だったA社が、10年間で売上高600億円、営業利益率6.7%へと大きく成長したことが

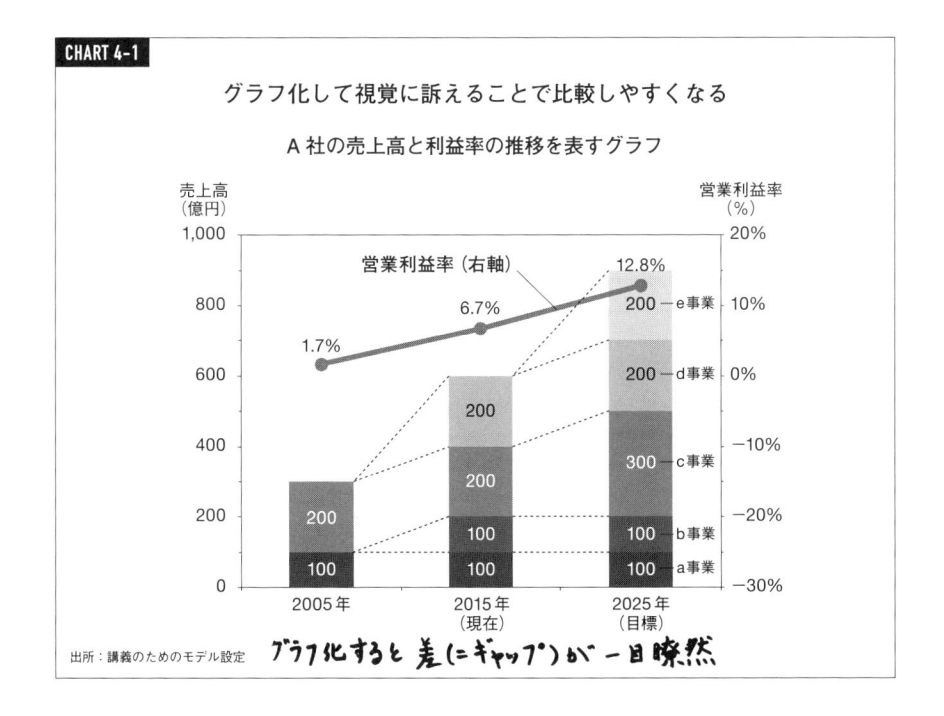

CHART 4-1

グラフ化して視覚に訴えることで比較しやすくなる

A社の売上高と利益率の推移を表すグラフ

出所：講義のためのモデル設定

グラフ化すると差(=ギャップ)が一目瞭然

わかります。さらに、10年後には売上高900億円、営業利益率12.8％を目指そうと考えていることも、グラフから読み取れます。

　今回の課題は、今後10年間の経営計画を立てるこですから、注目すべきは2015年と2025年の数値になります。ここのギャップを正確に把握することが重要です。実際には、売上高では900－600＝300億円、営業利益率では12.8－6.7＝6.1％のギャップがあることが認識できます。このギャップをどうやって埋めていくかが経営そのものであり、その意思決定をサポートするためのグラフになっている、と言えます。

　また、「粒度が同じ事実同士を比較する」という観点からは、グラフの内訳も大事な要素になってきます。すなわち、2005年にはa事業とc事業しかなかったのに、2015年にはb事業とd事業が加わり、さらに2025年の目標にはe事業が加わっています。

　ここで、ギャップを埋める施策として「それぞれの事業の再構築」を打ち出すために売上高を比較するのであれば、売上高全体を分解して事業ごとに比べていくことになります。つまり、いまのa事業と10年後のa事業といった具合に、同じ事業同士で比較する必要があるということです。

　これらのことがひと目でわかり、比較のためのギャップが大づかみで理解できることがグラフのメリットです。

SECTION 23 全体は右肩上がりに見えても、個別には異なる事情がある場合が多い

　前項で大づかみしたギャップについて、具体的に数字に落として細かく比較していきましょう。今回は会社の収益モデルという切り口で考えます（CHART 4-2）。

　2005年の収益モデルは、売上高300億円で営業利益額5億円、営業利益率1.7%でした。それが2015年になると、売上高600億円で営業利益額40億円、営業利益率6.7%と拡大します。営業利益額にいたっては8倍にもなっています。そして2025年については、売上高900億円で営業利益額115億円、営業利益率12.8%を収益モデルの目標値として設定しています。

　ここで注意が必要なのは、収益モデルの推移を比較すると同じように右肩上がりに成長しているように見えますが、事業別に見ると、それぞれに違う推移をしていることです。

　どういうことか、詳しく見ていきましょう。

A社の収益モデルと各事業を比較したチャート

　CHART 4-2の上段にある「会社の収益モデル」の下に続く、a～eまでの各事業の売上高と営業利益額の部分を見てください。

　まず、a事業を比較してギャップを見ます。a事業の2005年の売上高は100億円で営業利益額は15億円でした。2015年には、売上高は変わらず100億円ですが、営業利益額が25億円に伸びています。この事実同士を比較して出てきたギャップから考えられることは2つ。「a事業はこれまで利益を増やすことができた事業だ」「2025年は現状維持のまま100億円の売上高で25億円の営業利益額を目標にしよう」というものです。

b事業はどうでしょう。b事業は2005年には存在していませんでした。ですが、2015年には売上高100億円、営業利益額15億円になっています。このギャップを考察すると、「新規事業として立ち上げたb事業は軌道に乗っているので、2025年には売上高はそのまま100億円で、営業利益額を25億円まで伸ばそう」ということになります。

　c事業は、2005年には売上高が200億円あったものの、営業利益額はマイナス10億円の赤字事業でした。ところが、2015年には営業利益額が10億円の黒字になっています。このギャップを考察すると、「c事業は大きく黒字転換に成功した。この事業はこの先も伸びると予想できるため、2025年には売上高を300億円、営業利益額も45億円と大幅に伸ばそう」という攻めの戦略を立てることができます。

　d事業は、新規事業として立ち上げたものの2015年は売上高200億円、営業利益額マイナス10億円と赤字でした。それでも、1つの新規事業が立ち上がったことを考えると、「今後10年間で赤字を黒字化することを目標に

CHART 4-2

収益モデルは収益モデルと比較し、各事業は各事業と比較する

A社の収益モデルと各事業数値の推移

粒度を揃えて比較する

		2005年 (過去)	2015年 (現在)	2025年 (目標)
会社の 収益モデル		売上高： 300億円 営業利益額： 5億円 営業利益率： 1.7%	売上高： 600億円 営業利益額： 40億円 営業利益率： 6.7%	売上高： 900億円 営業利益額： 115億円 営業利益率： 12.8%
a事業		売上高： 100億円 営業利益額： 15億円	100億円 25億円	100億円 25億円
b事業		売上高： N/A 営業利益額： N/A	100億円 15億円	100億円 25億円
c事業		売上高： 200億円 営業利益額： △10億円	200億円 10億円	300億円 45億円
d事業		売上高： N/A 営業利益額： N/A	200億円 △10億円	200億円 10億円
e事業		売上高： N/A 営業利益額： N/A	N/A N/A	200億円 10億円

出所：講義のためのモデル設定

しよう。だから、売上高はそのまま200億円で、営業利益額を10億円としよう」というように、将来の目標と比較してギャップをとらえることができます。

　最後のe事業については、2025年の増収益を達成するべくこれから新規事業として立ち上げるので、売上高と営業利益額を目標として掲げるにとどまります。

　このように、グラフで見ると比較がしやすく、ギャップにも気づきやすいことがおわかりいただけると思います。**大きな事実を細かく分解して同じレベルで比較すると、ギャップという差異が必ず出てきます。そのギャップからメッセージを引き出して、次に進むための施策をあれこれ考えます。**1つ1つの作業はシンプルですが、非常にパワフルな考え方だと言えます。

SECTION 24 事実(ファクト)を揃えて比較すると、ギャップが見えてくる

　整理と分解、比較の構造について説明したときに、その構造を端的に表すCHARTを紹介しました(第1章39ページCHART 1-3)。ここではその基本構造のCHARTにあてはめて「比較」できることを検証してみましょう。

　CHART 4-3を見てください。これは、A社の2015年の現在の収益モデルと2025年の目標とする収益モデルを比較するものです。四角の中にあるのはすべて事実を整理、分解したもので、同じ粒度で比較できるように並べてあります。

　ちなみに、事実を正しく整理、分解できていることが、このCHARTを見るとわかるようになっています。たとえば、CHART全体を中央から2つに分けたとき、向かって左側にある2015年の収益モデルという大きな事実は、その下にあるa～dまでの各事業という小さな事実をすべて足したものになっています。数字も内容も、正しく整理され、モレなくダブりなく分解できているからこそ、それが成り立つのです。

　同じことは、右側の2025年の収益モデルについても言えます。

A社の現在と10年後

　本題に戻って、ここでの比較のレベルは2段階あります。1つは、収益モデルのレベルで比較すること。CHARTで言えば、左上と右上にある全体の収益モデル同士で比較するということです。

　具体的には、2015年から2025年にかけての10年間の目標は、売上高が600億円から900億円へ1.5倍に増えていること、営業利益率が6.7%から12.8%へ約2倍に増えていることが、それぞれ目標になっています。

重要なのは、このギャップのとらえ方にあります。経営陣はそのギャップをどういう方法で埋めていくか、どんな形で10年後の目標を達成するための施策を練るか、と考えることが重要になってきます。ここが、A社としての経営戦略、施策づくりにあたる部分だからです。経営目標を達成するために事業戦略を立てて各施策に落とし込む、という具体的な手段を考えることが求められます。

比較のレベルの2段階目は、事業レベルで比較することです。CHARTの中央よりに縦2列に並んだ四角い枠同士で比較する、ということです。

これも非常にわかりやすいでしょう。a事業同士を比較すると、2015年と2025年の10年間では変化が見られません。ここから「現状維持する」というメッセージが出てきます。

同じようにb事業同士を比較すると、営業利益額を10億円ほど増やさなければならないことがわかります。これは、「もっと儲かるようにする」というメッセージです。

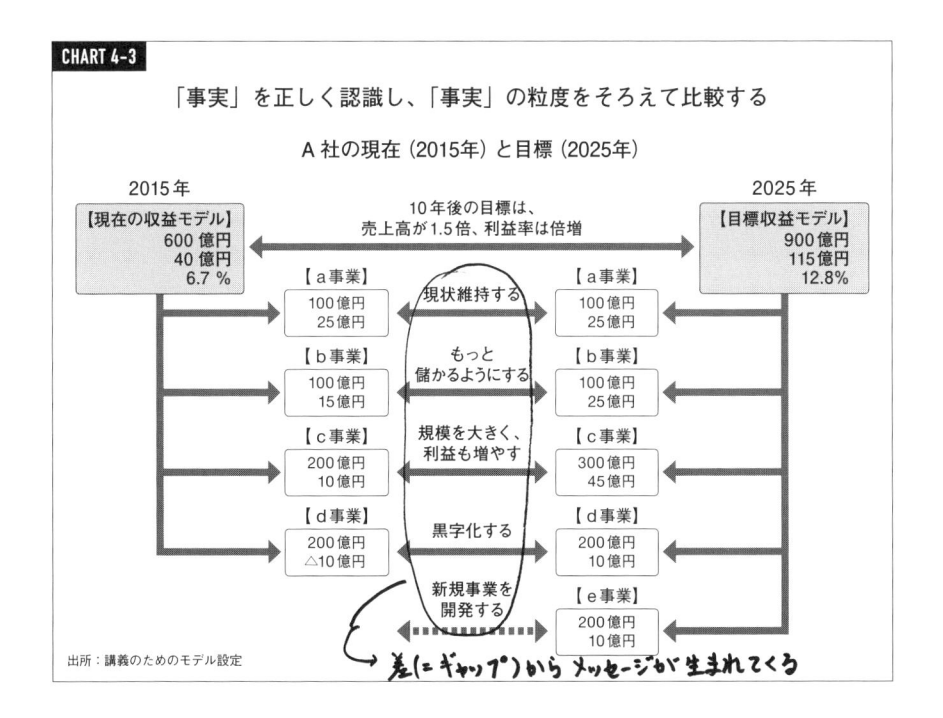

CHART 4-3

「事実」を正しく認識し、「事実」の粒度をそろえて比較する

A社の現在（2015年）と目標（2025年）

2015年		2025年
【現在の収益モデル】 600億円 40億円 6.7%	10年後の目標は、 売上高が1.5倍、利益率は倍増	【目標収益モデル】 900億円 115億円 12.8%
【a事業】 100億円 25億円	現状維持する	【a事業】 100億円 25億円
【b事業】 100億円 15億円	もっと 儲かるようにする	【b事業】 100億円 25億円
【c事業】 200億円 10億円	規模を大きく、 利益も増やす	【c事業】 300億円 45億円
【d事業】 200億円 △10億円	黒字化する	【d事業】 200億円 10億円
	新規事業を 開発する	【e事業】 200億円 10億円

出所：講義のためのモデル設定

→ 差(=ギャップ)から メッセージが 生まれてくる

ｃ事業では、売上高も営業利益額も大幅に増えています。すると、「事業の規模を大きくして、利益も増やそう」ということになります。
　ｄ事業は、営業利益額を20億円増やして、マイナスをプラスに転じなければなりません。ですから、「事業を黒字化しよう」というメッセージになります。
　最後のｅ事業は、2015年には存在しないので、メッセージは「新規事業を開発しよう」ということです。
　Ａ社の例にはありませんが、企業によっては赤字事業から撤退するケースもあります。その場合は、右側の四角の数が少なくなり、「事業をやめる」というメッセージになります。
　このように、正しく整理、分解、比較ができると、シンプルにメッセージが読み取れて、次に進む道筋が見えやすくなるのです。

SECTION
25

適切に比較すると、
ひと言でメッセージを言えるようになる

　比較をするメリットは数多くありますが、ビジネス上で最も重要なのが、「次にやるべきアクション」が明確に見えてくることです。事実を比較することで、自分がとるべき行動がたちどころにわかるというのは、とても魅力的なメリットです。
　A社のケースにもあてはめてみましょう。当初の課題は、A社の10年後の成長に向けてどのような施策を打つことができるか、ということでした。そのために、さまざまな角度から事実を整理し、分解し、比較してきました。
　そうしてわかる最終的な結論が、すなわち「とるべき施策」になります。A社の場合であれば、新規事業の「e事業」をどのようにするか、ということです。e事業の成否が、10年後の目標が達成できるかどうかに、大きくかかわってくるからです。

A社の将来計画とその課題は何か？

　なぜそんなメッセージが出てくるのか、理由を説明しましょう。
　10年後の2025年のA社の到達収益目標は、売上高900億円、営業利益率12.8％の収益モデルでした。売上高は1.5倍、営業利益率は約2倍で、それぞれ現在よりも水準を上げなくてはなりません。
　その目標値を達成するうえで、各事業にそれぞれ課題があることが、比較によって明らかになりました。下記のようなことです。

・a事業→現状維持
・b事業→営業利益率を15％から25％へ向上させる

・c事業→主力になる事業なので、売上高を1.5倍、営業利益率を5％から15％へ向上させる
・d事業→赤字から黒字化へ
・e事業→新たに売上高200億円の新事業として立ち上げ、黒字化する

　このうち、とくに大きなハードルだと思われるのが、ゼロベースからスタートしなければならないe事業に関することだということは明らかです。だからこそ、いまの段階で課題をクリアするのに必要なアクションは、「e事業に力を注ぐこと」だとわかるのです。

　つまり、比較した結果、「A社の10年後の目標が達成できるかどうかは、新規事業のe事業の成功にかかっている」というメッセージが出てきたのは、そういった理由からです。

　新規事業のe事業の具体的な内容やビジネスモデルなど、詳しいことはその次の段階の話になります。とにかくいまは、「e事業に力を注ぐことが将

CHART 4-4

適切に比較すると、ひと言でメッセージを言えるようになる

A社の将来計画とその課題＝長期経営計画

10年後の2025年の到達目標は、売上高900億円、利益率13％の収益モデルである
- 売上高は、600億円から900億円へと1.5倍
- 利益率は、6.7％から12.8％へ倍増

｝目標

その目標値を達成するためには、4つの事業それぞれにハードルがある
1. b事業の営業利益率を10％向上させること
2. 主力c事業の売上高を1.5倍にし、利益率も10％向上させること
3. 赤字のd事業を黒字化すること
4. 新たに、売上高200億円のe事業を立ち上げ、黒字化すること

｝事業ごとの課題

特に、新規e事業が目標達成の成否を握っている
- 売上高200億円、利益率10％弱の新事業をどうやってつくっていくのか

｝最も大切なメッセージ

出所：講義のためのモデル設定

来の目標達成に大きくかかわる」というメッセージが伝わればいいわけです。
　これは、比較をすると言いたいことがおのずと出てくることがわかる、実にシンプルな例です。

COLUMN

A社の現在と未来を
ルールとケースと結果で比較してみよう

　事実を整理して分解、比較をする習慣が身につくと、いままでモヤモヤしていた頭の中がスッキリ整理され、次にとるべき行動が自然とわかるようになります。
　そのことを、**CHART 4-5** を見ながら、A社の「これまで」と「これから」を比較する場合で検証してみましょう。

A社の10年戦略を比較する

　まず、2005年から2015年までの10年間、A社はどのような戦略を実行してきたか、整理します。A社は既存のa事業とc事業に加えて、新たにb事業とd事業を立ち上げました。これは実例なので、A社の戦略（ケース）にあたります。
　その成果（結果）はと言うと、売上高は300億円から600億円に倍増して、営業利益額は5億円から40億円と8倍に増えました。既存のa事業とc事業は、合計の売上高300億円は変わらないものの、営業利益額が5億円から35億円に増えました。
　一方、新規事業のb事業とd事業は、合計の売上高で300億円を達成しましたが、営業利益額は5億円にとどまっています。これらのことが成果（結果）になります。
　ここからどういう経営法則が言えるかを考えます。A社の戦略（ケース）と成果（結果）を見ると、まず「A社は過去10年間、事業の効率化で利益を出してきた」、すなわち「コスト削減に成功してきた」ということが言えるでしょう。さらに、「新規事業の利益化にはまだ時間がかかり、これからの課題になる」ということも言えます。これがA社の事業環境をめぐる経営法則（ルール）で、全体でA社の「ケース」「結果」「ルール」となっています。

同じように、これから10年の経営計画についても、あてはめることができます。

　2015年から2025年までの10年間の経営計画の実例として、大きな飛躍が期待できる既存のc事業の成長と、新規e事業の立ち上げが挙げられます。これらがA社の戦略（ケース）になります。

　想定する目標としては、売上高は600億円から900億円、営業利益額は40億円から115億円に増やすこと。

　その内訳は、既存のc事業の売上高を200億円から300億円に、営業利益額を10億円から45億円に増やします。新規e事業は、売上高200億円で営業利益額10億円を狙います。もちろん、これらのことは現時点ではどうなるかわかりませんが、成果（結果）としてこういう目標を狙うという意味での「結果」にあたります。

　この「ケース」と「結果」から考えられることとして、次のようなことが言えるでしょう。

CHART 4-5

A社の現在と10年後の未来を比較してみよう

A社の10年戦略

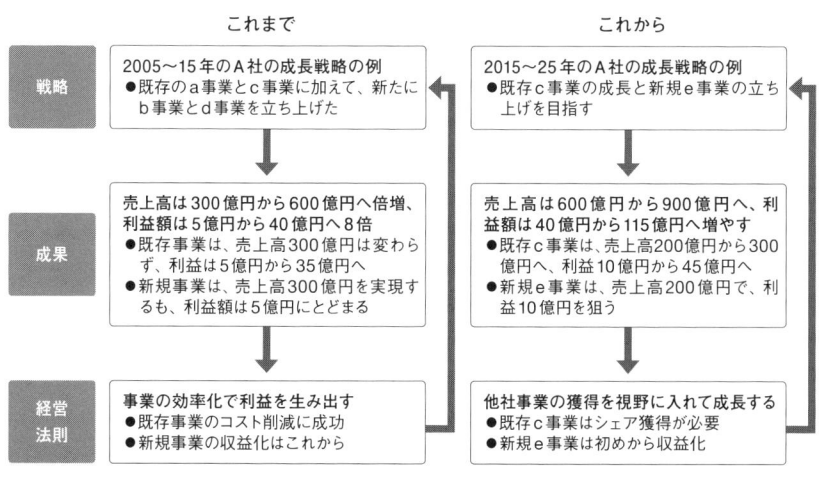

	これまで	これから
戦略	2005～15年のA社の成長戦略の例 ●既存のa事業とc事業に加えて、新たにb事業とd事業を立ち上げた	2015～25年のA社の成長戦略の例 ●既存c事業の成長と新規e事業の立ち上げを目指す
成果	売上高は300億円から600億円へ倍増、利益額は5億円から40億円へ8倍 ●既存事業は、売上高300億円は変わらず、利益は5億円から35億円へ ●新規事業は、売上高300億円を実現するも、利益額は5億円にとどまる	売上高は600億円から900億円へ、利益額は40億円から115億円へ増やす ●既存c事業は、売上高200億円から300億円へ、利益10億円から45億円へ ●新規e事業は、売上高200億円で、利益10億円を狙う
経営法則	事業の効率化で利益を生み出す ●既存事業のコスト削減に成功 ●新規事業の収益化はこれから	他社事業の獲得を視野に入れて成長する ●既存c事業はシェア獲得が必要 ●新規e事業は初めから収益化

出所：講義のためのモデル設定

「他社事業の獲得を視野に入れて考えないと達成は難しい」
「新事業では他社のシェアを獲得することを狙いたい」
「競合で下位にいる他社の事業を取り込む」

　これを経営者の目線で考えると、「他社を買収して事業の成長拡大を図る」という選択肢も視野に入ってくるでしょう。これらのことが経営法則（ルール）として考えられることです。
　さらに、ここで出た「ケース」「結果」「ルール」を比較してわかることが、A社の「これまで」と「これから」をまとめた結論になります。A社は、これまではコスト削減に注力して成功してきたが、今後は、コスト削減は継続しつつも、市場での立ち位置を際立たせるための積極的な戦略を見据えた会社になっていくだろう、ということです。
　このように、「ケース」「結果」「ルール」にあてはめてみる。こうして2つの整合性を検証することは、仕事のプランづくりから長期的な計画策定まで、ビジネスのあらゆる局面で活用できる思考術につながるものなのです。

第5章

3STEP思考術を使った仕事の進め方

SECTION 26 仕事で成果を上げる思考では初動が肝心

　これまで、すべてのビジネスの基本となる事実(ファクト)のとらえ方、そしてその事実を正しく伝えるための「整理、分解、比較」の3STEP思考術について説明してきました。本章では、このシンプルな思考術の実践にさらに磨きをかける、7つのヒントを紹介します。

　どんな仕事でも、手がけてから完了するまでに一定の時間を要します。ここでは、時間の経過と成果について、時間軸に沿って説明していきます。

時間と仕事の成果を示す3つのカーブ

　まず考えたいのが、「すべての仕事は、どういう過程を経て結果につながるのか」ということです。それをビジュアルで表したのが、**CHART 5-1** の3つのカーブです。

　それぞれのカーブは、上から「山弓型」「S字カーブ型」「直前追い込み型」と名づけています。ビジネスパーソンにとって理想型と言えるのは「**山弓型**」です。

　しかし現実には、「直前追い込み型」が多いようです。このタイプは、仕事の成果が見えにくく、評価も高くありません。その理由の1つに、「相手にあなたの成果が見えにくい」ことが挙げられます。初動、つまり仕事の動き出しがゆっくしているので、上司や先輩、お客様などの仕事相手に、動き始めてこれまでにどんなことがわかってきたのか、いまどこまで進んでいるのか、といった情報をなかなか伝えられません。したがって、相手からすれば、「何も言ってこないということは、まだ何も着手していないのでは？　当

然、成果も上がっていないだろう」ということになってしまいます。

　次に多いのが「S字カーブ型」です。こちらは、「直前追い込み型」ほどではないにしても、やはり初動が機敏とは言えず、途中から急に成果が出始めたと思ったら終盤にかけてペースダウンし、成果の伸びが小さくなっていくタイプです。

　この2つのタイプに対して、**「山弓型」はゴールを目指して、最初の段階から結論に近いところまで考え、進めていくアプローチです。**本書の思考術を実践しようと思うなら、ぜひ山弓型を身につけるようにしてください。

早い時点から考え始めること、手を動かすことが大切

　そのためには、いち早く「ゴールに向けて考え始める」ことが必要です。ところが多くの人は、「データや資料を集めてから」「分析してから」「資料を作ってから」と、ある程度自分で納得のいく環境が整うまでは、深く考え

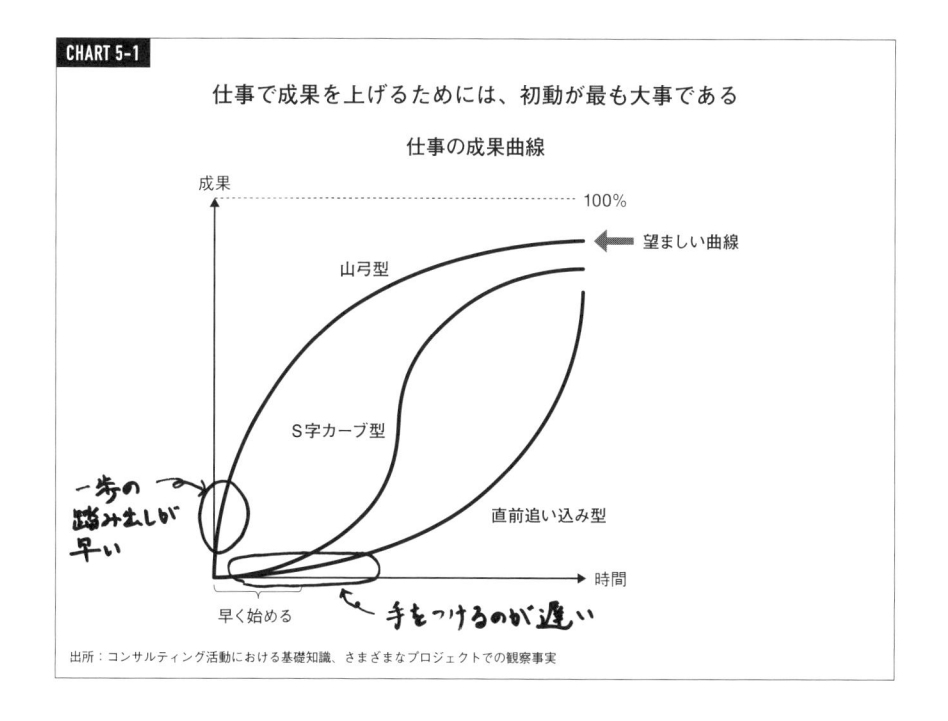

CHART 5-1

仕事で成果を上げるためには、初動が最も大事である

仕事の成果曲線

（成果／時間のグラフ：望ましい曲線、山弓型、S字カーブ型、直前追い込み型の4本の曲線）

手書きメモ：
- 一歩の踏み出しが早い
- 早く始める
- 手をつけるのが遅い

出所：コンサルティング活動における基礎知識、さまざまなプロジェクトでの観察事実

ることを先送りにします。

　しかし、データや資料を集める前の段階でも、深く考え始めることは可能です。誰しも「過去に同様の案件を手がけた」「以前にビジネス誌や新聞で情報を見かけた」ということがあるはずで、それを手がかりにすることができます。つまり、**いまの段階で知っている知識や経験則、世の中の一般常識などを手がかりにして、それらの事実を書き出して「整理」「分解」「比較」したりして、考え始めるのです。**

　大切なのはとにかく思考すること。あなたの頭の中にあることと公開されている情報だけであっても、いち早く思考をスタートさせることが肝心です。

SECTION 27 1つ1つの「事実(ファクト)」をカードにメモ書きする

　あなたの知識や経験則、世の中の情報だけでいち早く思考をスタートさせるために、次にとるべきアクションは「書き出す」ことです。**目の前にある、解決しなければならない課題について、頭の中にあることやすでに持っている情報などを、「ルール」「ケース」「結果」という観点から洗い出し、カードに1つずつメモ書きしていくのです**（CHART 5-2）。

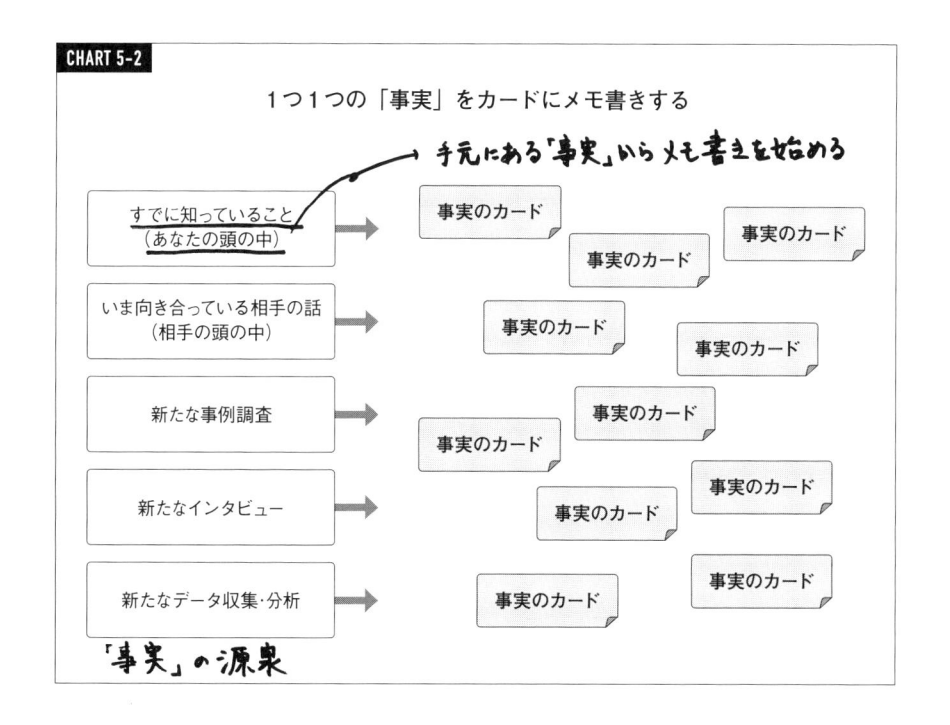

CHART 5-2

1つ1つの「事実」をカードにメモ書きする

手元にある"事実"から メモ書きを始める

「事実」の源泉
- すでに知っていること（あなたの頭の中）
- いま向き合っている相手の話（相手の頭の中）
- 新たな事例調査
- 新たなインタビュー
- 新たなデータ収集・分析

→ 事実のカード（複数）

3 STEP思考術を使った仕事の進め方 | 第5章　135

「ルール、ケース、結果」のメモ書きカード

　使用するカードはA4用紙を8〜16分割したものや、名刺サイズのカード、英単語を覚えるときに使った単語カードなど、小さいものがよいでしょう。書き込んだカードはあとでデスクや作業台の上などに広げて作業をするので、そのスペースも必要になります。

　ここでのポイントは、パソコンやスマートフォンなどのデジタルデバイスを使うのではなく、「カード」に「手書きする」ということです。理由は、あとで整理、分解、比較する際に、広げて全体を眺められるからです。広げたカードやノートを俯瞰することで、思考や理解を深めながら作業できます。あえて手書きにするのも、書くプロセスが思考や理解を深めるのに有効だからです。また、その内容や意味合いを再確認できるからです。

　カードに記載する内容は、あなたの頭の中にあるビジネスの法則や業界のルール、類似事例、インタビュー内容やアンケート結果、過去のデータといったものです。これに新聞やネットで得た、競合の動向や市場のニーズといった情報も加え、知り得る限りのことを書き留めると、相当な枚数になるはずです。

　ルールについては、「この課題にはどんな経営法則が成り立つのだろう」と考えて、仮説でもいいのでカードに書き込みます。

　ケースでは、新聞などで実際の企業の事例を見聞きしているはずです。企業同士の対立にしても、「セブンVSイオン」「アマゾンVS楽天」などの実例が数多くあります。

　結果は経営の成果ですから、できるだけ数値であることが望ましいでしょう。また、その数値同士を比べることが多くなりますから、同じ粒度のものを書いていきます。

　なお、書き出すことはすべて事実でなければなりません。カードの集合は事実群でもあるのです。事実であることを意識して、カードを作るようにしてください。

SECTION 28
集めた「事実（ファクト）」を並べて、整理、分解、比較する

次に、その事実群のカードを、整理、分解、比較していきます（**CHART 5-3**）。

メモ書きを関連づけたチャラ書きノート

このように、カードに1つずつ事実を書き留めていったものを「メモ書き」と呼びます。このメモ書きを、関連する項目ごとにノートに貼り付けていきます。この段階で、「メモ書き」は「チャラ書き」に近づきます。

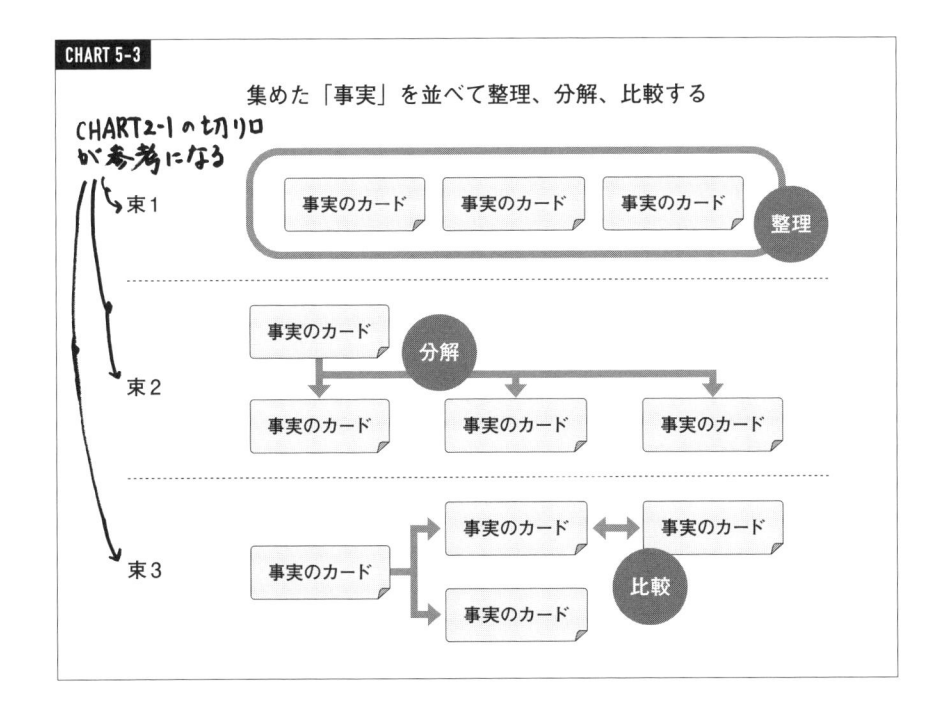

CHART 5-3

集めた「事実」を並べて整理、分解、比較する

CHART2-1の切リロが参考になる

- 束1：事実のカード／事実のカード／事実のカード → 整理
- 束2：事実のカード → 分解 → 事実のカード／事実のカード／事実のカード
- 束3：事実のカード → 事実のカード ⇔ 事実のカード／事実のカード → 比較

CHART 5-4

チャラ書きの例

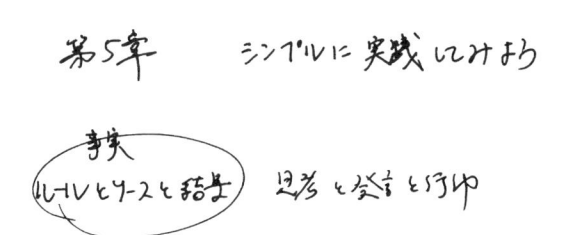

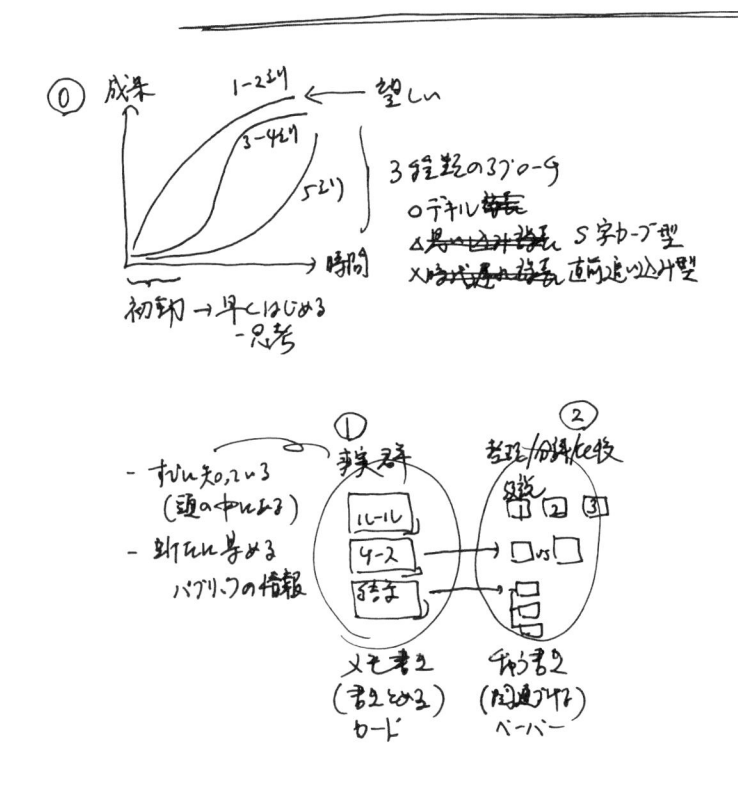

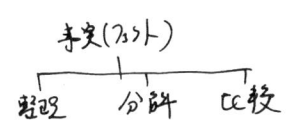

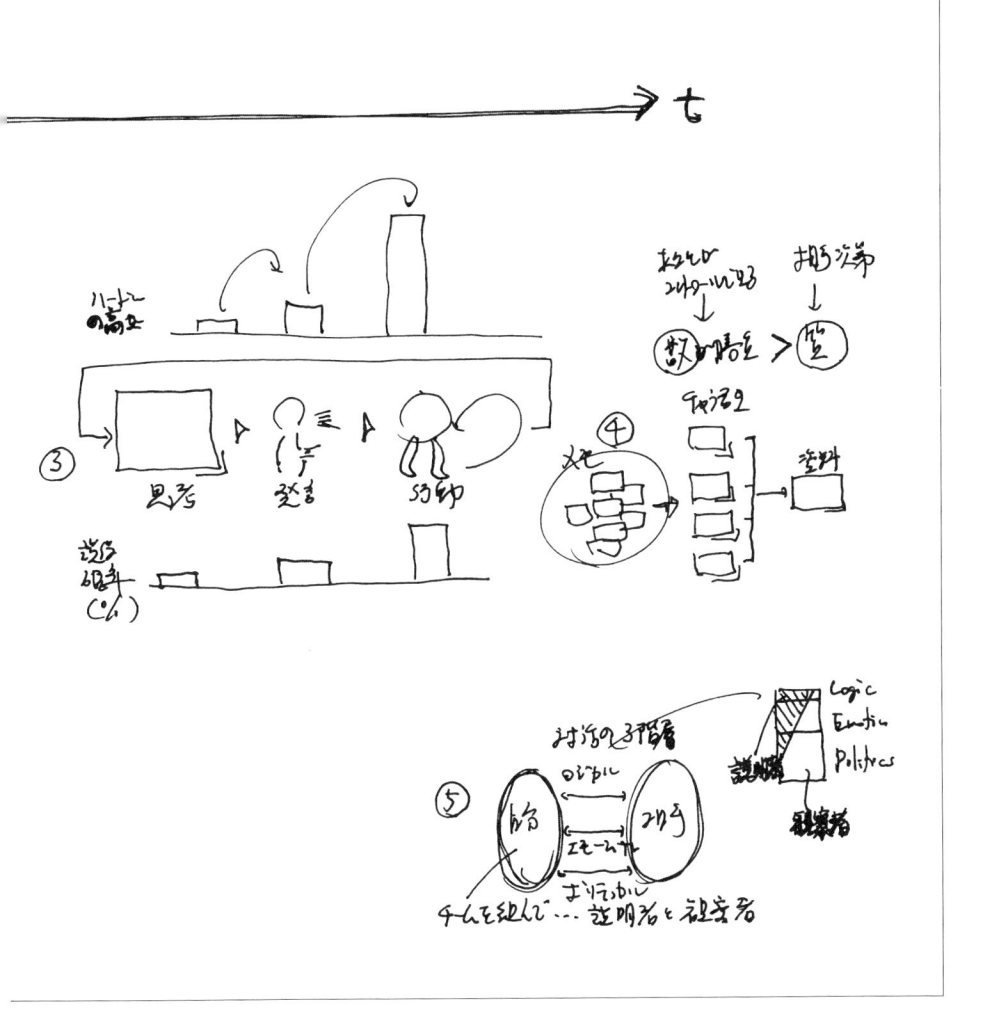

3 STEP 思考術を使った仕事の進め方 | 第5章

ところで、この章で使っている「メモ書き」「チャラ書き」という言葉は、前著『外資系コンサルの資料作成術』で使ったものです。もう一度、それぞれの定義を簡単に説明しましょう。

　メモ書きとは、その場で思いついたことをメモ帳や手帳などに記すことです。たとえば、カフェで考えごとをしながらコースターの裏にサラサラと書いたり、移動中に思いついたアイデアをノートに書き留めたりするのはメモ書きです。本書ではカードに書き込むことです。

　チャラ書きとは、メモ書きよりは進化した、資料を作る前の下書きに近い、ドラフトや走り書きのことです。本書では、書き込んだカードをノートに貼り付けるイメージです。

　思いつくままにメモ書きをしただけでまとまりのなかったカードを、チャラ書きでノートにグループごとに並べていくことで、思考はゼロから１歩も２歩も先に進んだことになります。

SECTION 29

思考の中身を発言したり行動に移したりすると、仕事の成果が大きくなる

　考えたことを誰かに話すことは、仕事の成果をより高める効果があります。「メモ書き」から「チャラ書き」になったら、とにかく周りにいる人たちにそのチャラ書きを見せて、内容を説明してみることです。そして相手のリアクションを観察し、自分の考えたチャラ書きの過不足について見直すのです。

　内容は、新製品のアイデアやデザイン、新事業の提案などなんでもよいですし、相手も上司や同僚など、仕事の内容を把握している人に限らず、前向きな意見を言ってくれるディスカッション・パートナーがよいでしょう。要は、誰もがパッと見て理解したり共感できる内容であれば、説得力の高いチャラ書きになっていると言えます。それは、仕事の成果に結び付くチャラ書きである、ということです。

思考と発言と行動のハードル

　思考しただけでは、相手を説得する力は持てません。しかし、実際に口に出して、つまり周囲に発言してどう思うか意見を聞いてみる、さらにパイロット版や模型を作ってみたり、ラフを描いてみたり行動することによって、説得力を上げることができます。

　CHART 5-4 に示したように、人間は、「考える」より「発言する」、「発言する」より「行動する」ほうが、心理的なハードルが高くなっていきます。しかし、ハードルが高いぶん、それを越えたときに相手を説得できる確率が上がっていくのも事実です。考えているだけでなく、考えを口にしたり、行動で示したりするほうが、リアリティや本気度が増し、相手に伝わりやすくなるのです。

思考→発言→行動が成果につながる

「忙しい」「きちんとした資料がない」「準備万端でない」「ダメ出しされたくない」「失敗したくない」——数え上げればきりがないほど「先送り」する理由は見つかるでしょう。しかし、せっかくメモ書き、チャラ書きまでして考えをまとめたのですから、発言や行動をためらうのは非常にもったいないことです。成果を上げられることがわかっているのに、なぜ行動を起こさないのでしょうか。

発言も行動も、あなた自身が決めてできることです。あなたがそうしたからといって、非難したり、マイナス評価を下す人はいません。むしろ、成果に向けて少しでも前進していることが見えて、格好のアピールになります

つまり、思考するだけよりは発言するほうが、発言するだけよりは行動を起こすほうが、得られる成果は格段に大きくなるのです。

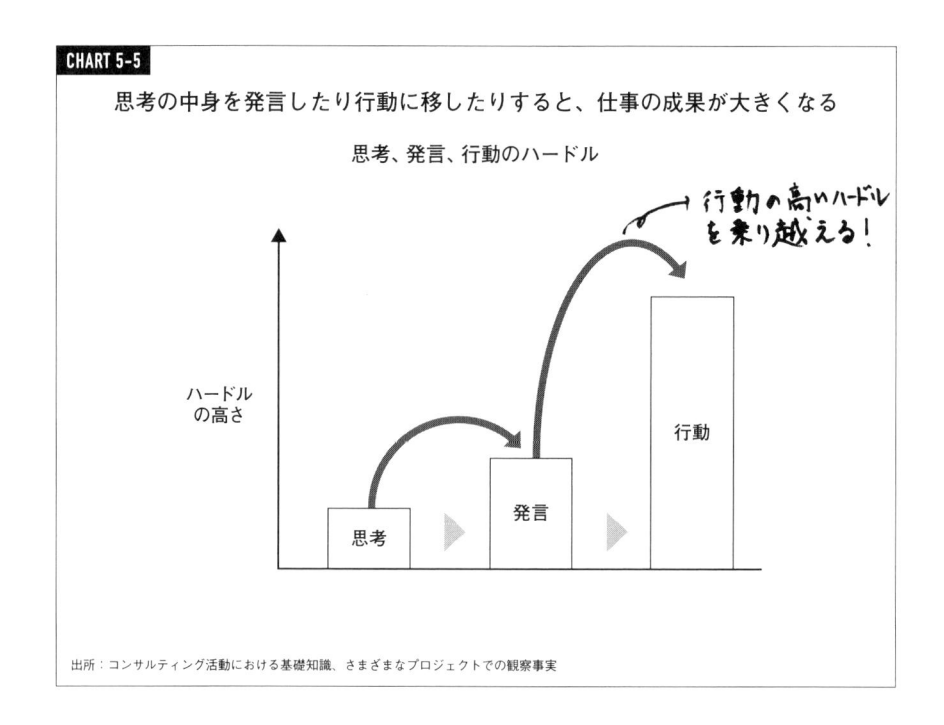

CHART 5-5

思考の中身を発言したり行動に移したりすると、仕事の成果が大きくなる

思考、発言、行動のハードル

行動の高いハードルを乗り越える!

（縦軸：ハードルの高さ　思考 ▶ 発言 ▶ 行動）

出所：コンサルティング活動における基礎知識、さまざまなプロジェクトでの観察事実

SECTION 30　思考の質より、思考量や思考数が大切

そして最後の段階が「ホン書き」です。これは、人に見せてメッセージを伝えるための資料のことです。資料作成ではパソコンで仕上げる最終的なステップですが、ここではノートに清書をするイメージです。

メモ書き、チャラ書きからホン書きするときの注意点

メモ書き、チャラ書きを経てホン書きをする段階になると、誤解をする人がたまにいます。それは、人に見せるホン書きは、「量より質」が大切だと思い込んでいることです。「量より質」というのは、「数多くのアイデアを並べるよりは、練りに練って考え抜かれたアイデア1点にしぼって相手に提案したほうが効果的だろう」ということです。

しかし、こういう考え方はビジネスの現場においてはふさわしくありません。**むしろ「質より量」で、バリエーションはたくさんあったほうがよいのです**。時間をかけて丁寧に1つの企画を立案しても、その内容が相手に刺さらなければ、ビジネスとしては意味を持ちません。それよりも、いくつかの選択肢から選べるほうが相手もありがたいでしょうし、最終的に企画が採用される確率もぐんと上がるはずです。

提案を選択・採用するイニシアチブは相手が持っていますが、提案の数についてはあなたの考え次第で、いかようにもコントロールできるという面もあるのです。

少なくとも選択肢を3つ用意する

　ホン書きの提案は、少なくとも3つは用意しましょう。その中からいちばんフィットするものを相手に選んでもらいます。このときのポイントは、予備の提案をあと2つ、3つは持っておくことです。最初の提案で相手が納得すればよいのですが、ビジネスの世界は甘くありません。そんなときに、予備案を出し惜しみせずに提示します。

　繰り返しになりますが、どの提案がフィットするかは相手が決めます。であれば、バリエーション豊富な形で提案したほうが、双方にとってより満足度の高い結果を得られるのです。

　そして、いくつもの提案を用意するためにも、初動でいち早く思考を始めることが重要になってきます。スタートが早ければ早いほど、1つでも多くの提案を考えるための時間ができるからです。

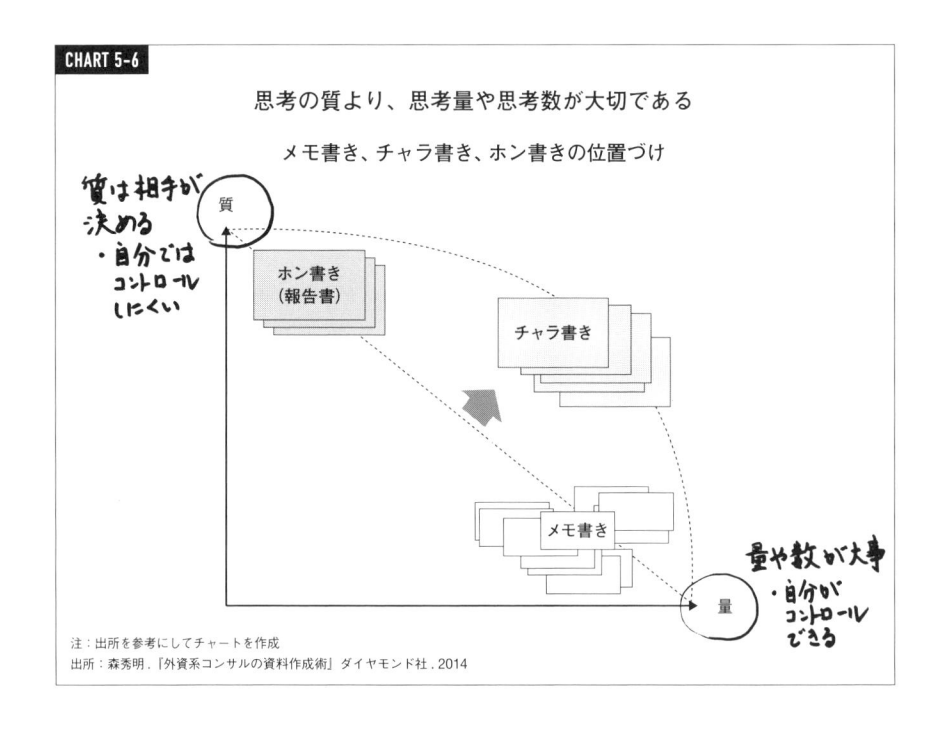

CHART 5-6

思考の質より、思考量や思考数が大切である

メモ書き、チャラ書き、ホン書きの位置づけ

- 質は相手が決める
- 自分ではコントロールしにくい

- 量や数が大事
- 自分がコントロールできる

注：出所を参考にしてチャートを作成
出所：森秀明．『外資系コンサルの資料作成術』ダイヤモンド社．2014

SECTION
31 「整理、分解、比較」の繰り返しで、仕事の質が飛躍的に高まる

　整理、分解、比較をすると、着実に成果が得られることを実感いただけたでしょうか？　ここでは、次の段階として、さらに仕事の質を高めていくためには何をしたらいいかを説明します。

　ビジネスパーソンとして成長を止めず、常に仕事の質を上げ続けるために必要なのは「繰り返し」です。前項でも「質より量」という考え方が大切だと述べましたが、思考においても同じこと。整理、分解、比較のサイクルを繰り返すことで、自分の考えが進化することになります。

　一度、答えを出したはずなのに、なぜ、繰り返すことが重要なのでしょうか？　その主な理由は以下の2つです。

・ビジネスにおいては、正解は1つではない。繰り返せばより精度の高い「解」に近づける。
・再度ゼロベースで考えることで、見落としていた論点を発見できる可能性が高くなる。

　ここでは、無数の事実が散らばっている段階から、どのように整理、分解、比較していくと仕事の質を高めることができるかを説明します。

　CHART 5-7 は、「無数の事実が散らばっている状態」「整理」「分解」「比較」という4つのグループで構成される思考法のサイクルを表したものです。基本の流れは、右上の「無数の事実が散らばっている状態」をスタート地点としてそこから時計回りに、多くの事実をかたまりでとらえる「整理」を行い、とらえた事実を取り扱いやすくするために小さい単位に「分解」し、同じ粒度の事実を「比較」します。すると、相手に伝えたいメッセージが明確

になる、という順番です。

そして、この1周のサイクルを経て出した答えやメッセージが、相手の求めているものと異なっていたり、ズレていたりした場合は、同じサイクルで何度でも繰り返して考えるようにします。

再びこのサイクルに従って考える際には、それぞれの段階で次のことを意識するようにします。

右上の「無数の事実が散らばっている状態」は、最も注意すべき部分です。前回のサイクルでは気づかなかった事実が埋もれている可能性があるからです。この段階でもう一度原点に立ち返り、「相手の求めている事実は何か？」を見極めて、正しくとらえることが重要になります。

たとえば、プロジェクトの初期段階での打ち合わせの内容、クライアントへのインタビューで語られていたことの中に潜む事実を見逃さず、再度丁寧に洗い出してみることも効果的です。

整理、分解、比較の2周目以降の流れで意識すべきポイントについては、

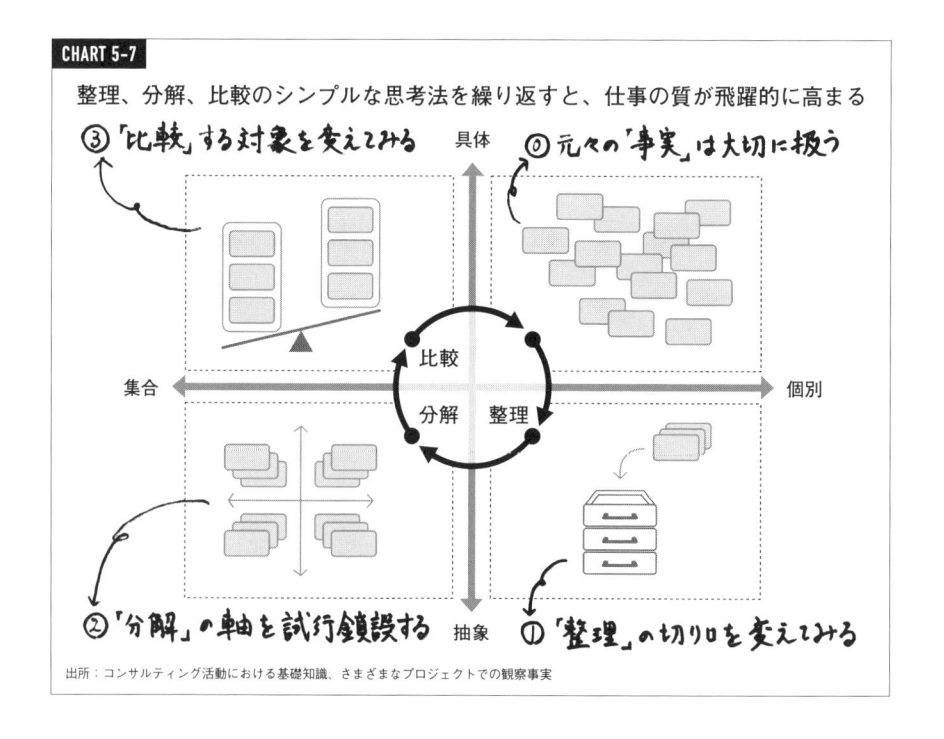

CHART 5-7

整理、分解、比較のシンプルな思考法を繰り返すと、仕事の質が飛躍的に高まる

③「比較」する対象を変えてみる　　　　⓪元々の「事実」は大切に扱う
②「分解」の軸を試行錯誤する　　　　　①「整理」の切り口を変えてみる

出所：コンサルティング活動における基礎知識、さまざまなプロジェクトでの観察事実

具体的なケースで考えてみましょう。たとえば、「製品を顧客に提供する」というケースがあり、1周目のサイクルで出した答え以上のものを出したい場合、次のような考え方もあります。

整理では、前回とは「切り口を変える」ことがポイントになります。たとえば、製品と顧客をそれぞれ「既存」と「新規」に整理します。すると、「既存の製品」「新規の製品」「既存の顧客」「新規の顧客」という4つの事実に整理することができるようになります。

分解では、前回とは「分解の仕方を変える」ことを行います。分け方を変えると、事実の取り扱い方も変わります。たとえば、「既存の製品を既存の顧客に提供する」「既存の製品を新規の顧客に提供する」「新規の製品を既存の顧客に提供する」「新規の製品を新規の顧客に提供する」という4つに分けて考えることができるようになります。

比較では、前回とは「比べる対象が変わる」ことで、分解した事実に沿ってそれぞれの戦略の中身を考えていくようにします。

このように、**スタート地点に無数に散らばっている事実をどうつかむかに**よって、その後に続く整理、分解、比較の進め方は変わっていきます。何度も繰り返すことでより精度の高い答えを導出できるようになり、整理の切り口を変えたり、分解の仕方を変えることにより、新しい論点を発見することになるのです。

SECTION
32
相手のロジックの背後にある
エモーションやポリティクスを読み取る

最後に、より大きな成果を上げるための、必要な裏ワザをご紹介します。これは、コミュニケーション力を磨くというテーマにも通じる話ですが、提案はこちらから一方的にするだけのものではない、ということです。

対話の3層：「ロジカル」「エモーショナル」「ポリティカル」

初動の思考から始まって、メモ書き、チャラ書き、ホン書きのプロセスを経た後は、いよいよ相手に提案することになります。そこで必要になるのは、「対話」というコミュニケーションです。

提案といっても、こちらから一方的に相手に言い募るのではなく、あくまでも相手との対話をベースに、相手の反応や出方を見たり、擦り合わせをしたりしながら成果につなげていくのが、優れたビジネスパーソンの仕事の進め方です。そのためには、対話のコツも身につけなくてはなりません。

そもそも対話には、「ロジカル」「エモーショナル」「ポリティカル」という3つの階層があります。

ロジカルな階層とは、多くの人がイメージする、ビジネスシーンでプレゼンを行う際の対話のことです。よくできた資料であれば、正しい根拠に基づいたストーリーがあって、整理や分解、比較もできています。主張も理にかなっていて、論理的に正しい対話が行われます。

エモーショナルな階層とは、感情的な対話です。ある企画を提案したとき、その良し悪しの判断が提案者によって変わってしまうようなケースがこれにあたります。「Aさんが提案した企画だから、良い内容に違いない」「企画そのものは共感できるけれど、Bさんの提案となると賛成しかねる」といった、

感情的な判断が加わることです。

　そしてポリティカルな階層とは、組織政治が働くような対話です。たとえば、「赤字事業だとわかっていても、創業者が始めたことだからやめるわけにはいかない」「研究開発部門の現場はやる気にあふれているのに、マーケティング部長を説得できないのでプロジェクトが難航している」などという組織的な問題が起きる場合です。

　したがって、**対話においてはロジカルに話を進めることだけに気を使うのではなく、相手のエモーションや相手の組織のポリティクスを理解したうえで、その影響の度合いを見ながら対話を進めていくことが肝要となります。**とりわけビジネスの世界では、そこまで考えなければ、いかに素晴らしい提案を行っても、相手から「イエス」の返事を引き出すのが難しくなってしまいます。

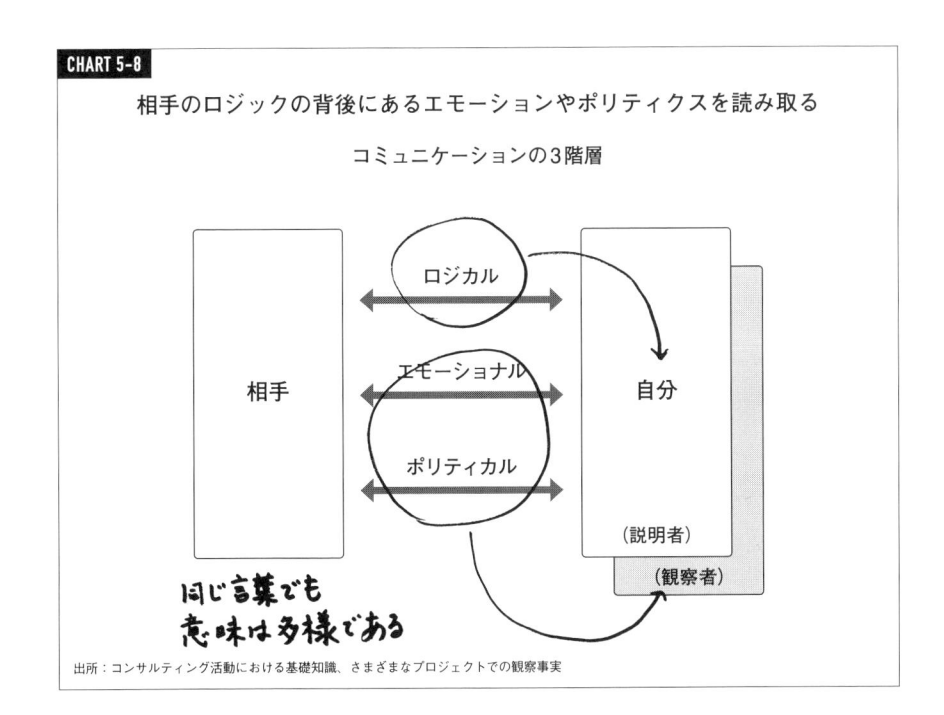

CHART 5-8

相手のロジックの背後にあるエモーションやポリティクスを読み取る

コミュニケーションの3階層

```
            ロジカル
  相手 ←――――――――――→ 自分
          エモーショナル
       ←――――――――――→
          ポリティカル
       ←――――――――――→
                    （説明者）
                    （観察者）
```

同じ言葉でも
意味は多様である

出所：コンサルティング活動における基礎知識、さまざまなプロジェクトでの観察事実

説明者と観察者の役割分担も考えてみる

　このように、対話をする際には、「こちらの提案や意見を説明する」ことと、「相手の様子を観察する」ことの両方が求められます。やっかいなことに、エモーショナルやポリティカルの階層で相手が考えていることが、けっこうあるものです。対話をしながら相手の真意を探るためにも、常に3階層を意識しながら、自分と相手で対話を動かしているという意識を持つことが大切です。

　もし1人で「説明者」と「観察者」の役割をこなせないようであれば、2人で役割を分けるやり方も有効です。コンサルティング会社でときどき見かけるのは、下の人が説明者、上の人が観察者の役割を担い、数人で1つのチームを組んで相手と対話をして仕事を進めるケースです。

　その場合、説明者が話している間、観察者は資料には目もくれず、ひたすら相手の一挙手一投足を観察して、説明への反応を見逃さないようにします。「対話の答えは資料の外にもある」からです。

　上手に伝えるだけでなく、3階層を意識しながら対話を進めていくことは、非常に重要なことなのです。

　この章で紹介した7つのヒントは、「整理」「分解」「比較」のシンプルな思考法の実践に、より磨きをかけるためのものです。

　時系列に沿って説明した理由は、思考のスタートが早ければ早いほど、提案までの時間が多くとれることを伝えたかったからです。そして、準備にかけられる時間が長ければ長いほど、仕事の精度は高くなり、成果も上がると考えてください。要は、仕事を寝かせておく時間が長ければ、その仕事はより熟成されて磨きがかかってくるということなのです。

[著者]

森 秀明（もり・しゅうめい）

itte design group Inc. 社長兼CEO。一橋大学経済学部卒、慶應義塾大学大学院修了。ボストンコンサルティンググループ、ブーズ・アレン・ハミルトンなどの外資系コンサルティング会社を経て現職。経営者や事業の責任者が抱える戦略や業務、組織の課題解決を支援している。WE HELP COMPANIES CREATE THEIR FUTURE STORIES. がミッション。著書に『外資系コンサルの資料作成術』（ダイヤモンド社）などがある。

外資系コンサルの3STEP思考術
―― どんな難問にも答えを出せるアタマの使い方

2015年10月29日　第1刷発行

著　者――森　秀明
発行所――ダイヤモンド社
　　　　　〒150-8409　東京都渋谷区神宮前6-12-17
　　　　　http://www.diamond.co.jp/
　　　　　電話／03・5778・7232（編集）　03・5778・7240（販売）
装丁―――デザインワークショップジン
本文デザイン―岸和泉
本文DTP――中西成嘉
編集協力――山口佐知子
製作進行――ダイヤモンド・グラフィック社
印刷―――堀内印刷所（本文）・慶昌堂印刷（カバー）
製本―――宮本製本所
編集担当――木山政行

©2015 Shumei Mori
ISBN 978-4-478-06615-7

落丁・乱丁本はお手数ですが小社営業局宛にお送りください。送料小社負担にてお取替えいたします。但し、古書店で購入されたものについてはお取替えできません。
無断転載・複製を禁ず
Printed in Japan

◆**ダイヤモンド社の本**◆

資料作成の原則と
テクニックが満載！

多くのコンサルタントを育てた著者が秘密の手法を初公開！

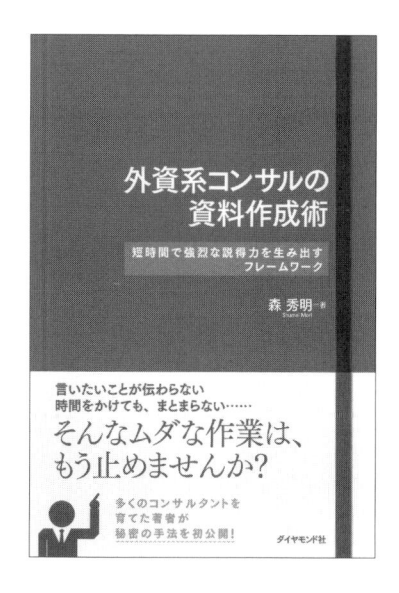

外資系コンサルの資料作成術
短時間で強烈な説得力を生み出すフレームワーク

森 秀明 [著]

●A5判並製●定価（本体1600円＋税）

http://www.diamond.co.jp/